LA
BATAILLE DE MURET

PAR

M. MARCEL DIEULAFOY

EXTRAIT

DES MÉMOIRES DE L'ACADÉMIE DES INSCRIPTIONS ET BELLES-LETTRES

TOME XXXVI, 2e PARTIE

PARIS
IMPRIMERIE NATIONALE

LIBRAIRIE C. KLINCKSIECK, RUE DE LILLE, 11

M DCCC XCIX

TIRAGES À PART

DES

PUBLICATIONS DE L'ACADÉMIE DES INSCRIPTIONS ET BELLES-LETTRES

EN VENTE

À LA LIBRAIRIE C. KLINCKSIECK, RUE DE LILLE, 11, À PARIS.

AMÉLINEAU (É.). Notice des manuscrits coptes de la Bibliothèque nationale renfermant des textes bilingues du Nouveau Testament, avec six planches (1895)........... 4 fr. 70

BABIN (C.). Rapport sur les fouilles de M. Schliemann à Hissarlik (Troie), avec deux planches (1892).. 2 fr.

BARTHÉLEMY (A. DE). Note sur l'origine de la monnaie tournois (1896).......... 0 fr. 80

BERGER (S.). Notice sur quelques textes latins inédits de l'Ancien Testament (1893). 1 fr. 70

— Un ancien texte latin des Actes des Apôtres, retrouvé dans un manuscrit provenant de Perpignan (1895).. 2 fr.

CUQ (Ed.). Le colonat partiaire dans l'Afrique romaine, d'après l'inscription d'Henchir Mettich (1897).. 3 fr.

DELISLE (L.). Notice sur un psautier latin-français du XIIe siècle (ms. latin 1670 des Nouvelles acquisitions de la Bibliothèque nationale), avec fac-similé (1891)........ 1 fr. 10

— Anciennes traductions françaises du traité de Pétrarque *sur les remèdes de l'une et l'autre fortune* (1892).. 1 fr. 40

— Notice sur la chronique d'un anonyme de Béthune du temps de Philippe Auguste (1891). 1 fr. 70

— Fragments inédits de l'histoire de Louis XI par Thomas Basin, tirés d'un manuscrit de Goettingue, avec trois planches (1893).. 2 fr. 60

— Notice sur les manuscrits originaux d'Adémar de Chabannes, avec six planches (1896). 6 fr. 50

— Notice sur la chronique d'un dominicain de Parme, avec fac-similé (1896)......... 2 fr.

— Notice sur un livre annoté par Pétrarque (ms. latin 2201 de la Bibliothèque nationale), avec deux planches (1896).. 1 fr. 70

— Notice sur les Sept psaumes allégorisés de Christine de Pisan (1896).......... 0 fr. 80

— Notice sur un manuscrit de l'église de Lyon du temps de Charlemagne, avec trois planches (1898).. 1 fr. 70

DELOCHE (M.). Saint-Remy de Provence au moyen âge, avec deux cartes (1892)..... 4 fr. 40

— De la signification des mots *pax* et *honor* sur les monnaies béarnaises et du *s* barré sur des jetons de souverains du Béarn (1893).. 1 fr. 10

— Le port des anneaux dans l'antiquité et dans les premiers siècles du moyen âge (1896). 4 fr. 40

— Des indices de l'occupation par les Ligures de la région qui fut plus tard appelée *la Gaule* (1897).. 0 fr. 80

DEVÉRIA (G.). L'écriture du royaume de Si-Hia ou Tangout, avec deux planches (1898). 2 fr.

(*Voir la suite page 3.*)

La

LA BATAILLE DE MURET

LA
BATAILLE DE MURET

PAR

M. MARCEL DIEULAFOY

EXTRAIT

DES MÉMOIRES DE L'ACADÉMIE DES INSCRIPTIONS ET BELLES-LETTRES

TOME XXXVI, 2e PARTIE

PARIS

IMPRIMERIE NATIONALE

LIBRAIRIE C. KLINCKSIECK, RUE DE LILLE, 11

M DCCC XCIX

LA BATAILLE DE MURET.

Dans une étude ayant pour objet le château Gaillard[1], j'ai montré que les ingénieurs chrétiens avaient provoqué en Orient une rénovation générale de la poliorcétique. La stratégie et la tactique profitèrent-elles dans la même mesure des expéditions en Terre sainte?

On doit reconnaître que les croisés avancèrent dans la science de la guerre au contact des troupes musulmanes[2]. Mais le progrès fut passager, malgré l'avis de quelques savants qui font honneur aux capitaines du XIIIe siècle de conceptions tactiques et de manœuvres remarquables.

Au nombre des batailles citées à titre d'exemple, deux surtout, la bataille de Bouvines et la bataille de Muret, ont attiré l'attention. A Bouvines, les adversaires prirent en effet des formations régulières, du reste très simples, puis ils se battirent avec une égale bravoure. Mais la tactique et la stratégie ne se résument pas à savoir ranger des troupes; elles consistent à concevoir un plan de bataille, à choisir des positions défensives, à deviner les points d'attaque et à coordonner une suite de manœuvres en vue de préparer la victoire. Cette science, aucun chef de guerre ne la possédait. Les quelques mouvements appris des Orientaux tombèrent même en désuétude, et la raison de cet oubli est sans réplique. Seules sont maniables, seules sont manœuvrières les armées légèrement équipées, reliées au général par des

(1) Dieulafoy, *Le château Gaillard et l'arch. mil. au XIIIe siècle* (*Mém. de l'Acad. des Inscript.*, t. XXXVI, 1re partie, p. 325 et suiv.). — (2) Dieul., *l. c.*, p. 369 et 370.

échelons nombreux et accoutumés à obéir. Tandis que la cavalerie noble, dès le début du XIIIe siècle, ne connaissait pas d'intermédiaires entre le soldat et le commandant improvisé d'habitude au moment de la bataille, ignorait la discipline et cherchait la sécurité de l'homme comme la puissance du choc dans une armure de plus en plus épaisse, partant de plus en plus lourde. On ne modifie plus la trajectoire du boulet dès qu'il a quitté la bouche de la pièce. Or chaque chevalier, à bien des égards, était un véritable projectile. En outre, la lance qu'il abaissait et qu'il relevait malaisément s'opposait à l'exécution devant l'ennemi de mouvements d'ensemble, tels que les changements de front, les conversions, les passages rapides d'un ordre à un autre. Dans ces conditions, les manœuvres, fussent-elles très simples, auraient nécessité pour être conduites à bonne fin des troupes très exercées, des chefs organisés en hiérarchie et, en tous cas, n'auraient pu être entreprises que par une cavalerie peu nombreuse.

Je n'insisterai pas sur la bataille de Bouvines. L'action fut engagée sans ordre, poursuivie sans méthode et sans plan. L'aile gauche des coalisés ayant été rompue par des charges de front, certains chevaliers traversaient les lignes attaquées, se reformaient lentement, très loin de l'ennemi, puis fournissaient une nouvelle charge dirigée cette fois d'arrière en avant. Sur d'autres points, il y eut une série d'engagements partiels, des corps à corps, presque des duels qui tournèrent finalement à l'avantage des Français.

La bataille dont je m'occuperai est celle de Muret, livrée sous les murs de cette ville le jeudi 12 septembre 1213 et où les croisés, sous les ordres de Simon de Montfort, infligèrent une défaite mémorable aux troupes alliées du roi d'Aragon et des comtes de Toulouse, de Foix et de Comminges. Je l'ai choisie entre toutes, d'abord parce qu'elle a été représentée comme le type parfait des victoires dues à des manœuvres savantes et qu'elle a donné lieu à des recherches consciencieuses et à des controverses intéressantes. Au surplus, elle fut le fait de guerre le plus glorieux de la croisade contre les Albigeois et eut pour résultat de déjouer les desseins ambitieux de l'Aragon sur nos provinces méridionales.

Le récit d'une bataille sanglante dont les conséquences furent aussi considérables a tenté un grand nombre de chroniqueurs. On peut interroger tour à tour des historiens choisis dans chaque camp. Tels d'entre eux s'intéressent à certains détails que d'autres passent sous silence. Le point de vue auquel ils se placent dépend aussi des passions qui les animent, du public auquel ils s'adressent, des informations qu'ils ont recueillies directement ou indirectement. Quelques-uns sont concis, d'autres plus vagues ou plus pompeux, certains se substituent aux chefs, expliquent les raisons de leur conduite où leur prêtent des paroles et des discours; mais, à moins de défigurer leurs dépositions, on n'y relève aucune contradiction sérieuse. Au demeurant, les textes se contrôlent, se complètent et se soudent en des surfaces de contact si larges et si multiples, que l'on peut restituer les épisodes de la bataille en pleine sécurité et sans lacune.

Parmi les textes à consulter je citerai les suivants :

SOURCES D'ORIGINE FRANÇAISE.

La relation de Pierre, moine de Vauxcernay[1]. L'auteur était le chapelain de Simon de Montfort. Il fut témoin de la bataille et reçut les confidences du chef des croisés. Son récit, quoique l'œuvre d'un esprit passionné et de portée moyenne, est considéré, à juste titre, comme un document de premier ordre.

Je mettrai sur la même ligne une sorte de mandement des évêques et des abbés[2] qui, eux aussi, attendaient dans Muret l'issue de la bataille et qui furent intimement mêlés aux négociations préliminaires et finales. Ce mandement, destiné à répandre la nouvelle du succès des croisés, fut rédigé au lendemain même de la victoire.

[1] Petrus Vallium Sarnaii (*Hist. Fran.* T. XIX, p. 84). Sera désignée par l'abréviation P. V. S.

[2] *Hist. de Fran.* T. XIX, p. 88. Sera désigné par l'abréviation M. E.

La chronique de Baudouin, comte d'Avesnes[1]. Elle fut écrite, pour la partie qui concerne la bataille, de trente à quarante ans après l'événement. C'est un récit anecdotique, du reste bien fait.

La Philippide de Mousket[2]. Elle fut composée en Belgique vers 1237 et contient à peine quelques vers relatifs au siège et à la bataille de Muret.

SOURCES TOULOUSAINES.

D'abord la *Chanson*, dont on possède l'original en vers[3] et un résumé en prose[4] dû à un légiste du XIVe siècle. M. Paul Meyer a prouvé que le continuateur anonyme de Guillaume de Tudelle, à qui l'on doit le récit de la bataille de Muret, était du diocèse de Toulouse et composa son œuvre pendant les derniers mois de l'année 1218 et les premiers de 1219. Si le poète n'a pas été un des acteurs du drame, il a vécu parmi les combattants, dans une ville où l'on pleurait les milices massacrées par la faute du roi d'Aragon. Soumis à cette influence, il exagère peut-être les fautes de Pierre II parce qu'il s'agit de rejeter sur lui la responsabilité de la défaite et d'excuser Raimon VI, comte de Toulouse. Pour le surplus il est impartial, et, comme il connaît les plans de bataille débattus entre Pierre II et ses alliés, il faut tenir grand compte de son témoignage quand il concerne les coalisés.

La chronique de Guillaume de Puilaurens[5] a les qualités de la *Chanson en vers* et ne présente aucun de ses défauts.

On devine à des similitudes flagrantes entre les deux récits[6] que leurs auteurs ont interrogé parfois les mêmes témoins. Ceux de Guil-

(1) Bibl. nat. Ms. 17264, fol. 363. Sera désigné par l'abréviation B. A.

(2) Sera désignée par l'abréviation M^{t}.

(3) Je renvoie à l'excellente édition critique de M. Paul Meyer, « La Chanson de la Croisade contre les Albigeois ». Je lui ai emprunté la majeure partie des renseignements relatifs aux chroniqueurs. La version en vers de la chanson sera désignée par l'abréviation C. V.

(4) *Hist. de Fran.* T. XIX, p. 152. Sera désignée par C. P.

(5) Guil. de Podio Laurentii (*Hist. de Fran.* T. XIX, p. 208). Sera désignée par G. P. L.

(6) M. Paul Meyer les a relevés et indiqués dans l'ouvrage précité.

laume de Puilaurens sont connus. Ce furent le comte Raimon VI, dans l'intimité duquel il vécut[1], Raimon VII, dont il fut le chapelain et qui, âgé de seize ans quand se livra la bataille, en avait suivi les péripéties du haut d'une colline, et enfin Foulques, évêque de Toulouse[2], qui avait béni les croisés au moment où ils allaient combattre. Il tient de ce prélat des renseignements détaillés et très précieux sur la sortie des troupes.

SOURCES ARAGONAISES.

La chronique attribuée à Jacme d'Aragon[3], fils du roi Pierre II tué à la bataille de Muret, et certainement composée sous son inspiration, est encore un document fort utile par les révélations qu'il renferme.

Aux récits des chroniqueurs, je joindrai une description de Muret et de la plaine où se livra la bataille, qui seront de puissants éléments d'information et de contrôle. Description de Muret, pl. I.

La Garonne, dans les environs immédiats de Muret, se dirige à peu près du sud-ouest au nord-est et reçoit sur la rive gauche un affluent nommé la Louge, large de 15 à 20 mètres, qui coule dans un ravin profond et encaissé.

C'est à l'embouchure de la Louge, sur un escarpement haut de 18 mètres environ au-dessus du niveau de la plaine et dans une situation défensive exceptionnelle que s'élevait le château de Muret. Le seul côté faible, la gorge, était protégé par un *bourg* fortifié et, au delà, par la *ville*, entourée elle-même de murailles avant l'époque où reporte la bataille de Muret. Dès 1090, il se tenait dans la *ville* un marché renommé[4]. Quelques années plus tard, en 1165, le comte

(1) Au moins depuis 1223.

(2) Entre 1205 et 1231.

(3) Sera désignée par l'abréviation J. A.

(4) Cartulaire de l'abbaye de Lézat, titres de Saint-Germier; Bibl. nat., ms. 9189, fonds latin, fol. 279, verso, colonne 1. A défaut de ce texte, l'importance et la superficie du marché de Muret, prouvées par de nombreux té-

Bernard de Comminges y installait l'abbaye de Saint-Germier [1].

Les chroniqueurs emploient des mots équivalant à *ville* quand ils

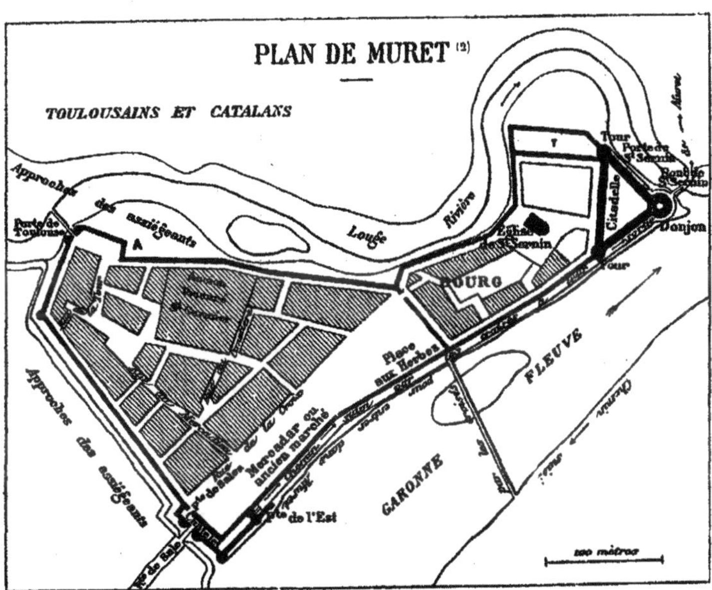

désignent l'agglomération urbaine comprenant le marché et l'abbaye, tandis qu'ils réservent pour l'ensemble de la citadelle et du bourg le mot de *château*. Je suivrai leur exemple. Ils spécifient en outre que l'en-

moignages (voir ci-dessous, p. 103), excluent la possibilité de placer le marché dans le *bourg;* ce qui au surplus eût été une imprudence grave. Tel qu'il va être défini, le *bourg* en effet était si restreint, si resserré que, vide d'habitations, il eût été encore insuffisant. Il s'agit donc bien de la *ville* construite au delà du *bourg*.

[1] Cartulaire de l'abbaye de Lézat, *loc. cit.*, fol. 280, verso, col. 2. En 1248, le titre original de la donation y est reproduit.

[2] Les parties couvertes de hachures, le nom des rues et de la place aux Herbes se rapportent à l'état actuel; mais on a supprimé les îlots de maisons qui s'élèvent aujourd'hui sur l'emplacement de l'ancien Mercadar. L'église de Saint-Sernin, les ponts et la fortification sont restaurés au moyen des ruines et des substructions presque partout apparentes et des indications développées dans le texte.

enceinte de la *ville* était débile et plus faible que celle du bourg[1]. Enfin, on sait par eux aussi qu'en 1213, au moment du siège, les quartiers voisins de l'abbaye étaient de construction récente[2], que Muret ne mit à la disposition de Simon qu'un très faible contingent de soldats et qu'il lui fut impossible de fournir plus d'un jour de vivres aux sept cents hommes accourus à son secours[3]. Ces renseignements sont précieux. On en conclut que la ville proprement dite était bien peu dense en 1165, puisque l'on pouvait y trouver l'emplacement d'un vaste prieuré, et qu'en 1213 la population fixe y était encore peu nombreuse. Muret tirait donc sa force de sa citadelle, et sa prospérité d'un marché où l'on affluait de fort loin. J'ajouterai que, dans le dessein d'accroître son importance, Muret avait obtenu du comte de Comminges l'autorisation de jeter sur la Garonne un pont franc de péage et que l'acte de concession date de 1203[4].

La citadelle a été rasée au mois d'octobre 1623, en vertu d'un arrêt du Conseil du roi. Il en existe heureusement une description détaillée dans le procès-verbal[5] des commissaires chargés par le Parlement et les capitouls de surveiller la démolition. On trouve aussi des renseignements utiles dans le livre terrier de 1557 et même dans celui de 1669[6]. De l'étude de ces documents il résulte que la citadelle se composait d'une enceinte triangulaire flanquée d'une tour à chaque saillant. Celle de l'est, située au confluent de la Louge et de la Garonne, était d'une « effroyable hauteur et grosseur[7] ». C'était le donjon. On l'appelait d'habitude *la tour de Louge*. Bien que le sol où reposait la citadelle ait été abaissé de plusieurs mètres après la démolition de

(1) *P. V. S.*, p. 84, B, E, et *B. A.*, fol. 363, col. 1 et 2. Voir encore ci-dessous, p. 110, n. 3.

(2) Voir ci-dessous, p. 111, n. 4.

(3) Voir ci-dessous, p. 109, n. 1 et 2.

(4) La charte de fondation est du 2 juin 1203. Une copie est conservée dans les archives de Muret (dossier n° 124). La charte spécifie que le pont aboutissait à la *ville* proprement dite. En 1655 le pont fut réparé, mais l'inondation de 1727 l'emporta. Les deux culées et les fondations de deux piles subsistent encore.

(5) En date du 12 juin 1624. Cette pièce est aux archives du Capitole de Toulouse.

(6) Ces deux documents antérieurs à la démolition de l'enceinte de la ville sont d'un grand secours pour en reconstituer le tracé.

(7) Procès-verbal de démolition.

l'ouvrage[1], le plan de Muret de 1811[2] en accuse la position et la surface. Il en est de même d'une terrasse fortifiée (T du pl. I) qui la joignait à l'ouest. Les renseignements et les dimensions fournis par le procès-verbal et les livres terriers correspondent et s'appliquent à une parcelle du même plan. A ce sujet, il n'y a pas de doute.

Le bourg comprenait l'église de Saint-Sernin dont le plan de 1811 indique la place et dont il reste au surplus des vestiges nombreux[3]. D'autre part, comme la place aux Herbes actuelle est un dernier souvenir du Mercadar ou ancien marché, et que celui-ci — les textes sont affirmatifs[4] — était situé dans la ville proprement dite, il y aurait les plus sérieuses raisons de penser que l'enceinte occidentale du bourg suivait le côté Est de la place aux Herbes et aboutissait au rentrant que forme le quai de la Louge au droit de ce côté.

Les substructions et quelques amorces de muraille, les livres terriers déjà cités, le plan de 1811 et l'assiette actuelle de Muret montrent que les remparts de la ville épousaient les rives des deux cours d'eau et présentaient au sud-ouest un front à peu près rectiligne, nu et d'un tracé bien primitif[5]. Les seuls ouvrages flanquants dont on trouve les vestiges sur ce front sont, en effet, une tour au saillant qui le termine dans le voisinage de la Louge[6] et un châtelet à l'extrémité qui domine la Garonne[7].

En 1213, la ville enveloppait le prieuré de Saint-Germier, son église et ses dépendances[8]. Depuis longtemps on a identifié l'emplacement du prieuré avec celui de la sous-préfecture, de l'église et de la rue du Cimetière. C'est avec raison; mais on n'a pas encore

[1] Procès-verbal de démolition.

[2] Archives de l'hôtel de ville de Muret.

[3] Quand on venait de l'abbaye de Saint-Germier, il fallait franchir l'enceinte séparative du bourg et de la ville avant d'atteindre l'église de Saint-Sernin. Voir ci-dessous, p. 113 et 114.

[4] Voir ci-dessus, p. 99, n. 5.

[5] Cette faiblesse de l'enceinte de la ville nouvelle est bien d'accord avec les textes cités plus haut, p. 101, n. 1. Le fossé répondant à ce front est aujourd'hui occupé par le boulevard Niel.

[6] Une rue de Muret, la rue de la Tour, perpétue le souvenir de cet ouvrage.

[7] Voir ci-dessous, p. 105.

[8] Voir ci-dessus, p. 100, n. 1.

défini les limites de l'ancien Marché, le *Mercadal* ou *Mercadar*, bien qu'il joue un rôle important dans les préliminaires de la sortie. Les seuls documents directs que l'on possède, les livres terriers de 1557 et de 1669, ne sont pas accompagnés de plans et répondent à une période où la ville circonscrite dans ses remparts s'agrandissait depuis longtemps aux dépens du marché. Aussi bien les consulterait-on sans profit. Heureusement qu'à leur défaut, les renseignements indirects sont nombreux et précis.

Déjà j'ai eu l'occasion d'indiquer que le Mercadar était compris dans la ville proprement dite et avait la place aux Herbes pour confins au levant[1]. J'ajouterai que l'extrémité Sud-Ouest correspondait à l'issue d'une porte donnant sur la Garonne et qu'on le traversait dans sa longueur quand, de cette porte, on se dirigeait vers le château[2]. Enfin il devait présenter une superficie considérable, puisque à certains jours il s'y réunissait une nombreuse population de marchands et d'acheteurs, et que, la veille de la bataille, il put recevoir Simon de Monfort, ses sept cents chevaliers, leurs valets et leurs convois[3]. Pour réaliser ces conditions, il fallait qu'il s'étendît entre la rue de la Croix au nord-ouest et le front Sud-Est de l'enceinte depuis, au moins, la rue actuelle du Mercadieu jusqu'à la place aux Herbes, dont les noms indiquent que la rue aboutissait primitivement au Mercadar[4] et que la place en faisait partie. En ce cas, l'étendue de terrain qu'eût occupé le Mercadar dans la ville ancienne eût été en harmonie avec sa destination. Ce qu'on sait de Muret et de sa faible population en 1165 et même en 1213, ne fait pas obstacle à ces dimensions[5].

La ville et le château comptaient quatre portes extérieures. Trois

[1] Voir ci-dessus, p. 99, n. 4, et p. 102.

[2] Voir ci-dessous, p. 104, n. 5, et p. 112, n. 5.

[3] Voir ci-dessous, p. 112, n. 7.

[4] Ces deux formes étaient usuelles. Dans une partie de la région, on disait « mercadar », dans l'autre, « mercadieu », Muret est sur la limite; les deux formes y pouvaient coexister. A Tarbes, comme à Muret, il y a une rue du Mercadieu ou du Marché.

[5] Voir ci-dessus, p. 101.

d'entre elles étaient protégées directement soit par la Louge, soit par la Garonne, et toutes trois répondaient à un pont[1].

La première, la porte de Toulouse, prise dans le saillant Nord-Ouest de l'enceinte, au-dessus de la Louge et voisine de l'abbaye de Saint-Germier, établissait les communications avec le nord[2]. La seconde reliait la ville avec la région comprise au couchant entre la Louge et la Garonne. La troisième desservait, par l'intermédiaire du pont jeté sur la Garonne, le sud et le sud-est ou d'une manière plus générale la rive droite du fleuve. Enfin le château avait une issue spéciale, la porte de Saint-Sernin, dominant la Louge et suivie d'un pont dont il existe les deux culées à 60 mètres environ de l'embouchure actuelle de la rivière[3].

Il ne semble pas s'élever de difficulté au sujet de la position des portes de Toulouse et de Saint-Sernin, mais la situation de la *seconde* et de la *troisième* porte demande à être précisée. Si l'on se réfère aux documents qui ont trait à la bataille, la *troisième* porte était orientée au levant, à l'opposé de la porte de Toulouse[4], reliait l'extrémité occidentale du Mercadar au pont de la Garonne[5], était défilée des projectiles des ennemis campés à l'ouest de la ville, entre la Louge et la

(1) Il s'agit de ponts en bois dont on pouvait enlever tout ou partie du tablier en cas d'alerte.

(2) L'emplacement de la porte est encore apparent. Quant au pont, il a disparu, mais l'ouvrage moderne qui lui a succédé s'élève au même lieu. La configuration du terrain y crée des sujétions dont aucun constructeur n'a pu s'affranchir. Dans les documents relatifs à la bataille, cette porte n'est pas dénommée, mais il y est fait de fréquentes allusions. Voir ci-dessous, p. 111, 113, 115.

(3) Le livre terrier de 1669 (p. 24, au tènement de la ville n° 2) constate l'existence de cette porte également nommée du *Castel-Vielh*. Elle répondait sans doute à la tour du Nord qui en défendait le pas.

(4) Voir p. 115, n. 5, 6, et p. 116, n. 1.

(5) La veille de la bataille, Simon de Montfort, après avoir franchi la Garonne sur le pont que l'on y avait jeté en 1203, pénétra dans le Mercadar par cette porte. (Voir ci-dessous, p. 112, n. 5.) Or il est ajouté qu'il dut traverser le Mercadar pour atteindre le bourg. Étant donnée la position relative du bourg par rapport à la ville proprement dite, étant donné, en outre, que les livres terriers cités plus haut n'admettent pas de porte à l'enceinte de Muret sur le point où le pont sur la Garonne abordait la ville, on ne saurait hésiter ni sur la situation du Mercadar, ni sur l'itinéraire suivi par Simon de Montfort, et par conséquent aussi ni sur la position de la troisième porte dans le voisinage immédiat du saillant Sud-Ouest de l'enceinte de la ville.

Garonne, et même située hors de leurs vues[1]. On a voulu l'identifier avec la porte de Sales dont il est parlé dans la Chanson en vers et dans sa version en prose[2]. Il y a là un malentendu, car la porte de Sales, comme son nom l'indique, était placée sur le chemin qui conduisait à la ville de Sales et à l'intersection de ce chemin prolongé par la rue de la Croix avec le front Ouest de l'enceinte, tandis qu'on ne saurait contester l'existence d'une porte donnant sur le fleuve dans les conditions que je viens de définir. La vérité est que la construction d'un pont sur la Garonne avait modifié la situation poliorcétique de Muret. Pour profiter de cet ouvrage et obvier en même temps au danger qu'il faisait courir à la place, on dut élever au saillant Sud-Ouest de l'enceinte, devant la porte de Sales, une sorte de châtelet, comportant deux issues extérieures. Les vestiges qui répondent à un tracé usuel à cette époque en ont été retrouvés. L'une de ces issues doublait la porte de Sales et rétablissait les communications avec la route de ce nom, c'était la *seconde* porte dont il a été parlé. L'autre, c'est-à-dire la *troisième*, était orientée au levant et fermait la berge de la Garonne. Afin d'éviter toute confusion, je désignerai cette dernière sous le nom de « porte de l'Est », que lui donne d'ailleurs Guillaume de Puilaurens[3].

J'observerai encore, à cet égard, que l'assiette très élevée de Muret s'opposait à une communication directe de la ville avec la tête du pont et nécessitait l'intermédiaire d'une rampe assez longue pour être rela-

[1] Les assaillants comptèrent le nombre des chevaliers de Simon quand ils défilèrent sur le pont. (Voir ci-dessous, p. 112, n. 1, et p. 115, n. 9.) Mais à partir du moment où les Croisés étaient engagés sur une terrasse qui longeait à la fois la Garonne et le front Sud-Est (voir ci-dessous, p. 106), ils les perdaient de vue (*id., ibid.*, p. 115, n. 9). Or le seul point d'où le pont était visible pour les assiégeants était l'approche du front occidental de la ville entre la Louge et la Garonne. (Pl. I, p. 100, et pl. II, p. 107.) Il faut donc qu'entre l'emplacement occupé par les assaillants et la berge que remontait Simon de Montfort, il y eût un ouvrage interposé.

[2] Voir ci-dessous, p. 115, n. 10.

[3] *G. P. L.*, p. 208, E. La comparaison des textes confirme l'existence de deux portes distinctes, mais se commandant l'une l'autre. Il est dit, par exemple, qu'au moment de la sortie les Croisés se dirigèrent d'abord vers la porte de Sales (*C. V.*, 3037) et qu'après l'avoir franchie, ils passèrent sous la porte de l'Est (*G. P. L.*, p. 208, E). En outre des textes (ci-dessous, p. 111 et 112), voir leur discussion, p. 121, 122, 123.

tivement douce et accessible aux chevaux. Cette rampe en terrasse sur le fleuve, construite, pour la majeure partie, sur des murs de soutènement et relativement étroite, explique la longue distance qui sépare la porte de l'Est de la tête du pont[1] et motive le châtelet.

L'étude du terrain et des substructions existantes montre qu'une seconde rampe s'étendait entre la tour du Nord et le donjon de la citadelle, que le pont sur la Louge aboutissait au pied même de ce donjon, et qu'une risberne formant quai réunissait la tête de cet ouvrage au pont sur la Garonne. De la sorte, toute personne sortant du château ou de la ville pouvait aboutir à son gré, soit au pont sur la Louge, soit au pont sur la Garonne; mais la rampe de la citadelle se réduisait à un escalier étroit et raide, praticable aux seuls piétons. La hauteur de la plate-forme de la citadelle au-dessus de la chaussée du pont sur la Louge, comparée au développement très restreint que l'on pouvait donner à la voie d'accès spéciale à la citadelle, ne permet pas de restituer un autre mode de communication. Aussi bien on remarquera plus tard que Simon de Montfort et ses chevaliers, après avoir traversé la Garonne comme avant de franchir la Louge, suivent la rampe qui domine le fleuve et s'engagent dans la ville au lieu d'aboutir au château ou d'en sortir directement[2].

Description du champ de bataille, pl. II.

Sur la rive gauche de la Louge s'étend une plaine bornée à l'est par la Garonne et vers l'ouest par la colline de Perramon, dont la hauteur ne dépasse pas 14 mètres. Entre cette colline et Muret règne une dépression bien accusée au regard, autrefois marécageuse en hiver, couverte d'herbe en été, et qui est encore désignée sous le nom caractéristique des *Pesquiès* (marais). Depuis longtemps elle est à peu près assainie[3].

[1] Une confirmation indirecte de l'existence de cette rampe est fournie par les livres terriers déjà cités. Comme je l'ai dit ci-dessus, ils n'admettent pas ce porte répondant au point où le pont abordait la ville. Ils ne signalent que les portes de Toulouse, de Saint-Sernin et de Sales. Cette dernière étant reliée, ainsi que je l'ai expliqué, à la porte de l'Est, il fallait bien remonter une rampe pour l'atteindre et entrer dans Muret quand on débouchait du pont.

[2] Voir ci-dessous, p. 112 et 115.

[3] Les Pesquiès faisaient partie d'un vaste terrain désigné sous le nom de *tènement d'Aragon* dans un dénombrement des biens du prieuré

De l'extrémité orientale des Pesquiès sort un petit ruisseau, le ruisseau des Pesquiès, qui se dirige vers le nord-est et se jette dans la Garonne à l'aval de Muret. Il coule dans une déchirure du sol, une sorte de ravin large de 20 à 30 mètres, profond de 2 environ,

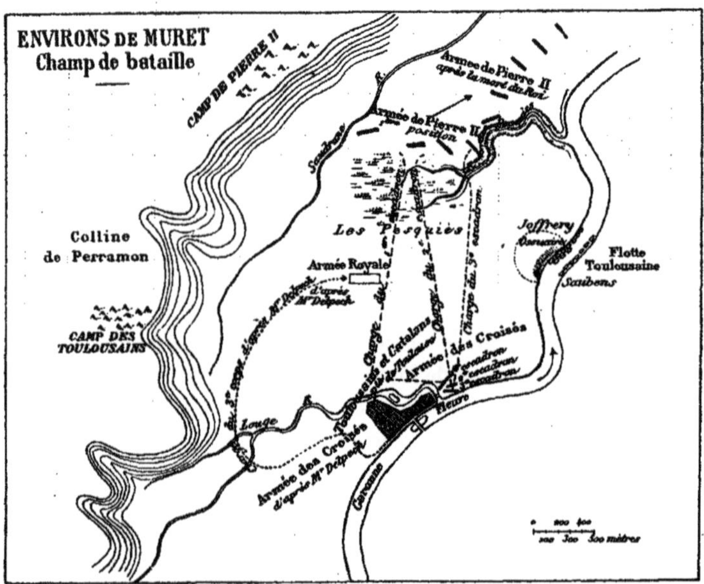

aux parois raides, souvent escarpées. C'est dans cette plaine, entre les Pesquiès et la colline de Perramon, que se déroulèrent les principaux épisodes de la bataille, tandis que le camp des alliés se développait sur la colline, les Aragonais plus au nord, les Toulousains

de Saint-Germier datant de 1510. A cette époque il formait un pré et ce pré passait pour être ce lieu où avait été tué le roi d'Aragon quand il avait voulu détruire Muret (Arch. de la Haute-Garonne, titres du chapitre de Saint-Étienne, cahier n° 8). Quant au *tènement d'Aragon*, il était compris entre la Saudrune à l'ouest (Livre terrier 1669, fol. 148) et le chemin de Muret à Seysses à l'est (Livre terrier de 1669, fol. 156, 157).

plus au sud. Les preuves se déduiront au cours du récit. Je dirai dès maintenant que les chroniques d'abord, puis l'inventaire des biens du prieuré de Saint-Germier, les livres terriers de 1557 et 1669 et enfin une tradition ininterrompue fournissent sur la position du champ de bataille et du camp des renseignements si précis[1], qu'il ne pouvait s'élever de divergences sérieuses. Les historiens modernes ne diffèrent d'avis que sur des points de détail.

Effectifs des troupes en présence.

D'une manière générale, je ne pense pas que le dénombrement des troupes de Simon de Montfort soit sujet à critique. Les chroniqueurs sont précis et d'accord. Ils ont des renseignements plus incertains sur le chiffre des coalisés et donnent des approximations avec tendance à exagérer la disproportion des armées en présence[2]. Il me semble difficile d'admettre, par exemple, qu'outre les cavaliers du comte Raimon VI, Toulouse ait fourni des milices si nombreuses, qu'elles aient pu laisser de quinze à vingt mille des leurs sur le champ de bataille. Les morts eussent dépassé le nombre des hommes en état de porter les armes[3]. Il n'en reste pas moins établi que les alliés disposaient d'une infanterie redoutable, forte de trente à quarante mille combattants peut-être, et que la garnison de Muret comptait à peine

[1] Voir ci-dessus, p. 106, n. 3. Il est dit notamment que pour aller en ligne droite de Muret aux tentes du roi d'Aragon, il fallait traverser par son milieu le marais (*C. V.*, v. 3056 et 3057), puis encore que le camp des alliés était au couchant et à l'opposé de la porte de l'Est par rapport à la ville (*G. P.*, p. 208, E) et enfin que le fils de Raymond VI, encore trop jeune pour prendre part au combat, n'eut qu'à sortir de sa tente pour assister à la bataille du haut d'une colline (*G. P. L.*, p. 209, A).

[2] « Hostes centum millia esse crederentur » (*P. V. S.*, p. 86, D). — « En l'ost, le roi d'Arragon en avait bien c mille » (*B. A.*, l. c.).

[3] La bataille se termina par une véritable boucherie et il est certain que les milices de Toulouse et de Montauban souffrirent beaucoup. (Voir ci-dessous, p. 119 et 120.) Mais je ne pense pas que ces deux villes fussent en état de fournir les quinze ou vingt mille combattants qui auraient trouvé la mort sous les murs de Muret. Il ne fut pas fait de recensement, on le comprend sans peine. Les chroniqueurs veulent simplement laisser cette impression que la majorité des Toulousains périrent et cela est vrai. Du reste, le mandement des évêques ne donne pas de chiffre; il se borne à dire : « Certus hostium interfectorum... numerus præ multitudine, nullatenus sciri posset » (*M.*, p. 89, D). Les nombres de 15,000, 20,000, 17,000 morts sont respectivement fournis par Guillaume de Puilaurens (*G. P. L.*, p. 209, C, D), Pierre de Vauxcernay (*P. V. S.*, p. 87, E) et Guillaume le Breton (*l. c.*, p. 92, D).

sept cents hommes mal armés[1] et mal ravitaillés[2]. Bien que l'écart fût moindre, la cavalerie du roi d'Aragon, des comtes de Toulouse, de Foix et de Comminges l'emportait encore de beaucoup sur la cavalerie des croisés. Celle-ci atteignait à peine neuf cents hommes, y compris les chevaliers et sergents à cheval[3]; celle-là dépassait sans doute trois mille[4].

Il est vrai que si la garnison de Muret était médiocre, les chevaliers venus à son secours constituaient une élite. Leur esprit était excellent, leur moral, parfait et leur union, solide. Ils souhaitaient le martyre plus que la victoire[5], tandis que leurs adversaires n'éprouvaient à l'égard des uns des autres que de l'envie ou de la méfiance.

(1) « Paucissimos et quasi nullos pedites nostri habebant. » (*P. V. S.*, p. 86, D.) « Et peregrinos predites fere septingentos inermes. »

(2) « Quia modica immo quasi nulla habebant victualia. » (*P. V. S.*, p. 84, C.) — « In castro Murelli non erant victualia quæ possint sufficere nostris in unum diem. » (*P. V. S.*, p. 86, A.) — « In castro non possent defectu victualium permanere. » (*G. P.*, p. 209, A.) — « Ou chatel n'avait mielay vandes a plus d'un jour ou deux. » (*B. A.*, fol. 363.)

(3) Voici à ce sujet les renseignements fournis par les chroniqueurs : Pierre de Vauxcernay évalue les chevaliers et sergents à cheval à 800 (*P. V. S.*, p. 86, D.); Guillaume de Puilaurens, à 1,000 (*G. P.*, p. 208, E., p. 209, A.); Baudouin d'Avesnes, à 800 (*B. A.*, col. 363 v°, col. 2); Jacme d'Aragon, entre 800 et 1,000 (*J. A.*, p. 16, al. 3); Guillaume le Breton distingue 260 chevaliers et 500 sergents à cheval = 760 (*l. c.*, p. 92, D). Sur ce nombre de chevaliers, 30 composaient la garnison de Muret (*P. V. S.*, p. 84, B), 30 furent amenés par Simon de Montfort (*P. V. S.*, p. 85, A.), le reste fut conduit par le vicomte de Corbeil (*P. V. S.*, p. 84, E, et p. 86, A).

(4) Ce chiffre n'est donné avec précision par aucun document. Les chroniqueurs disent seulement que le roi d'Aragon avait amené avec lui de 800 à 1,000 chevaliers, d'où l'on conclut que sa cavalerie s'élevait à 2,400 hommes, en y comprenant les deux écuyers ou sergents qui accompagnaient chaque chevalier (*C. V.*, v. 2743 et 2744; *G. P.*, p. 151, E). D'autre part, on sait qu'à part les corps de Moncade et de Nuno Sanchez qui arrivèrent trop tard pour prendre part à la bataille de Muret (*J. A.*, p. 17, al. 9), les chevaliers catalans et aragonais qui combattirent Simon de Montfort étaient précisément les mêmes qui, l'année précédente, avaient remporté contre les Maures d'Espagne la célèbre bataille de Ubeda ou Las de Tolosa. Or, comme ces derniers s'élevaient à 1,000 (Libre del Seyts d'armes de Catalunya, Bibl. Catalane, p. 312, 313, al. 22), on en conclut qu'ils étaient 800 à Muret, puisqu'il faut défalquer deux corps. Si à ce nombre on ajoute 200 chevaliers provenant des comtés de Toulouse, de Foix et de Comminges, et qu'on tienne compte des sergents et des écuyers, on arrive au total de 3,000 cavaliers.

(5) *G. P.*, p. 208, E, et p. 209, A. — *P. V. S.*, p. 85, B.

Préliminaires de la bataille.

Le comte de Toulouse, dans sa lutte malheureuse contre Simon, avait cherché un appui de l'autre côté des Pyrénées. Le roi d'Aragon, Pierre II, qui convoitait depuis longtemps le sud de la France, s'était empressé de réunir des troupes et de répondre à cet appel. Mais son intention, si la victoire le favorisait, était de se retourner contre les alliés et de les contraindre à reconnaître sa suzeraineté effective. Les seigneurs dévoués à la cause des Albigeois avaient certainement deviné ses projets et se méfiaient de lui autant qu'ils redoutaient Montfort. Pourtant ils étaient engagés si avant avec Pierre II, que, malgré leurs appréhensions, ils l'avaient attendu à Toulouse. Puis, ensemble, emmenant de cette ville un train d'artillerie considérable [1], ils avaient gagné Muret.

Sur le bruit de l'approche de Pierre II, Simon de Montfort quitta Fanjaux où il attendait les événements, rappela le vicomte de Corbeil et, le mercredi 11 septembre 1213, au soir, il arriva en vue de la place dont une porte était déjà tombée aux mains des assaillants. Je néglige des incidents très curieux, mais sans portée au point de vue de cette étude, et j'arrive au récit du siège et de la bataille que j'emprunterai en entier aux chroniqueurs, me bornant à condenser et à coordonner les épisodes. Du reste, afin d'éviter toute méprise, on a transcrit en italique les faits empruntés aux récits originaux et l'on a laissé en romain les éclaircissements et les raccords.

A peine l'armée des alliés est-elle arrivée sous les murs de Muret, que le roi d'Aragon, les comtes de Toulouse, de Foix, de Comminges et leurs seigneurs se réunissent en conseil. Ils discutent les divers partis qui s'offrent à leur examen et décident finalement de donner l'assaut à la place [2]. — *L'enceinte qui entoure la ville neuve est faible, basse, précédée d'un fossé sans largeur ni profondeur, tandis que* la citadelle protégée par un profond ravin et par la Louge est inexpugnable et qu'au surplus *les défenses paraissent formidables* [3]. — *D'un accord unanime, on choisit comme point d'attaque le saillant des nou-*

(1) Il s'agit de six pierrières et mangonneaux (*V. P.*, p. 152, D, E. — *M*', v. 22352 et 22353, M, D, p. 89).

(2) *C. V.*, v. 2936 et suiv.; *C. P.*, p. 152 et 153.

(3) *P. V. S.*, p. 84, B, C, E. — *B. A.*,

veaux remparts qui regardent le camp[1]. — L'ordre est aussitôt donné aux *milices toulousaines de franchir la Louge, d'investir le front où s'ouvre la porte de l'Ouest* (la porte de Toulouse) *et de la battre de tous côtés*[2]. — *Et alors, celles-ci, qui ont amené six mangonneaux et beaucoup d'autres machines, dressent leurs engins, les ajustent et les font tirer sans répit*[3]. — Accablés sous les projectiles de l'artillerie toulousaine, les défenseurs abandonnent les remparts devenus intenables. Ils reculent. *A ce moment, les assiégeants donnent l'assaut, pénètrent dans la ville neuve, frappent ou tuent ceux qui leur résistent, refoulent la garnison dans le château et s'apprêtent à poursuivre leurs succès*[4]. — *Mais, soudain, la nouvelle se répand que le comte Simon approche. Bientôt après, les Toulousains reçoivent l'ordre d'interrompre les opérations du siège, d'évacuer les quartiers occupés et de se retirer dans leurs retranchements*[5].

A peine le mouvement de retraite est-il opéré, que les Français conduits par Simon au secours de Muret apparaissent au-dessus des coteaux où s'appuie la rive droite de la Garonne. *Tous à cheval, entourant la bannière du comte, ils descendent vers le fleuve qui resplendit de l'éclat des heaumes et des épées comme s'il était en cristal. Par saint Marcel, on ne vit jamais autant de bons vassaux parmi si peu de gens*[6]. — *Tandis qu'une partie de la garnison sort de la citadelle et se dispose à favoriser l'entrée des croisés*[7], — *les assiégeants* qui serrent de très près le front Sud-Ouest[8] *comptent les cavaliers de Montfort*

fol. 363, col. 1 et 2. La *Chanson* en prose dit : « Le château était fort et facile à défendre, ainsi qu'on peut encore s'en assurer. » Le procès-verbal des commissaires chargés de surveiller la démolition du château exprime la même pensée. (Voir ci-dessus, p. 101, n. 7.)

(1) *G. P. L.*, p. 208, D, E.

(2) *M. E.*, p. 89, B. — *C. V.*, v. 2939. — *C. P.*, p. 152, E. — L'occupation par les assiégeants de la *rive droite de la Louge jusqu'à la Garonne* résulte aussi de ce fait qu'au moment de l'arrivée de Simon, les Toulousains occupés au siège comptent le nombre de ses chevaliers quand ils défilent sur le pont, ce qu'ils n'auraient pu faire de tout autre emplacement. (Voir ci-dessus, p. 105, n. 1, et p. 112, n. 1.) Enfin une nouvelle preuve de la présence des ennemis sur ce point, non pas seulement le jour de l'arrivée de Simon, mais le jour et à l'heure même de la sortie, se déduit des précautions que prennent les Croisés pour amortir le bruit de leur marche et du grand silence qu'ils gardent « en défilant sous la porte de Sales, afin, observent les chroniques, que les assiégeants n'y prissent pas garde ». (Voir ci-dessous, p. 115, n. 9, et p. 122 et 123.)

(3) *M. E.*, p. 89, B. — *M'*, v. 22352 à 22354. — *C. V.*, v. 2938. — *C. P.*, p. 152, E. — On ne peut douter que, dans cette dernière période, ce furent les Toulousains qui, en majorité, furent employés au siège. Outre les preuves tirées de la *Chanson*, il y a ce fait significatif que l'on avait vidé les arsenaux de Toulouse et que toute l'artillerie provenait de cette ville. (Voir ci-dessus, p. 110, n. 1.)

(4) *P. V. S.*, p. 84, E. — *B. A.*, fol. 363, col. 1 et 2. — *C. V.*, v. 2941 et suiv. — *C. P.*, p. 152 et 153, A.

(5) *P. V. S.*, p. 84, C, et p. 85, D, E. — *C. V.*, 2970 à 2980. — *C. P.*, p. 153.

(6) *C. V.*, v. 2981 à 2985. — *C. P.*, p. 153, A.

(7) *C. P.*, p. 153.

(8) Voir ci-dessus, n. 2.

quand ils défilent un à un sur le pont[1]. — *Le comte, qui, dès la veille, redoutait d'être attaqué, avait fait prendre à ses gens le harnais de combat*[2]. — *Mais, contre son attente, il traverse le fleuve sans être inquiété, bien que les ennemis soient nombreux autour de Muret comme les grains de sable de la mer*[3]. Il tourne à gauche, remonte la rampe qui aboutit à la porte de l'Est, passe successivement sous cette porte, puis sous la porte de Sales[4] *et entre dans la ville par le milieu du Mercadar*[5]. — *Il monte aussitôt au château et s'y installe*[6], — *tandis que ses chevaliers se dispersent dans les auberges et les maisons voisines du marché où l'on avait préparé leur gîte*[7].

Aucune chronique, sauf la *Chanson*, ne donne le motif de l'abandon si extraordinaire des quartiers déjà conquis. Son auteur anonyme laisse aux Toulousains tout l'honneur de l'assaut et prétend que, du même élan, ils eussent forcé l'entrée du château, si Pierre II, jaloux de leurs succès, — le mot ne se trouve pas dans le texte, mais l'idée y est nettement exprimée — ne leur eût ordonné d'évacuer la ville. Il ajoute :

Le roi d'Aragon prétexta qu'il fallait donner confiance au comte Simon, que si le chef des croisés pensait arriver trop tard, il s'enfuirait; alors, que s'il entrait en ville et s'y enfermait, on l'y prendrait lui et les siens, ce qui leur ferait un tort qui ne serait jamais réparé et que partout alors le paradis serait remis en splendeur[8].

Peut-être y a-t-il une part de vérité dans ce récit; peut-être les Toulousains, à la nouvelle de la venue de Simon, furent-ils pris d'une terreur panique. L'Anonyme qui vécut au milieu d'eux et qui épousa

(1) *G. P. L.*, p. 208, C. — Étant donné, comme il a été expliqué plus haut (p. 111, n. 2.), que le camp et les approches des alliés étaient situés à l'ouest de Muret et qu'une distance de 300 mètres séparait le saillant Sud-Ouest de la tête du pont, il fallait, en effet, que les assiégeants occupassent la rive gauche de la Garonne et même sur des points très voisins de la place pour pouvoir compter les Français quand ils défilèrent sur le pont.

(2) *P. V. S.*, p. 85, B, E.

(3) *P. V. S.*, p. 85, D, E.

(4) Voir ci-dessus, p. 103, 104, 105.

(5) J'ai spécifié qu'il s'agit de la porte de l'Est, parce que c'était la seule avec la porte de Saint-Sernin dont l'accès demeura libre pendant toute la durée du siège et que c'était en même temps la seule porte extérieure qui fût assez voisine du Mercadar pour que Simon, après l'avoir franchie, entrât en ville par ce marché, ainsi que le spécifie le texte. Du reste, ce point sera développé plus tard, p. 121, 122. (*P. V. S.*, p. 85, E. — *C. V.*, v. 2987; *C. P.*, p. 153, B.)

(6) *P. V. S.*, p. 86, B, D.

(7) *C. V.*, v. 2988.

(8) *C. V.*, v. 2950 à 2966. — *C. P.*, p. 153, A.

leurs rancunes voulut-il décharger ses concitoyens aux dépens de l'auteur responsable de la défaite?

Sur le soir, le vicomte de Corbeil, à la tête d'un renfort considérable qui comprend le reste de l'armée française, rejoint son chef[1]. — *Les évêques et le légat, effrayés par la disproportion des deux armées, proposent de s'entremettre en vue de la paix. Le roi d'Aragon, un bon catholique, cédera peut-être à leurs supplications. Les Toulousains écouteront la voix de leur évêque Foulques* (il était enfermé dans Muret). *D'un commun accord, les hostilités sont suspendues, et à l'aurore des négociations s'engagent. Pierre II, enorgueilli de ces avances, désormais assuré du succès, repousse avec dédain les propositions des assiégés*[2]. — *Les prélats*, qu'aucun rebut ne décourage, *proposent d'aller pieds nus implorer la pitié du roi d'Aragon*[3] *et lui font demander sur l'heure la grâce de les recevoir*. Dans ce dessein, des religieux se rendent en hâte au camp des alliés.

Pendant la trêve que nécessitent ces pourparlers, *la porte de Toulouse est restée ouverte. Quelques chevaliers appartenant au comte de Foix en profitent pour s'approcher insidieusement des remparts, se jettent par traîtrise à travers la baie et font irruption dans Muret*[4]. — *Simon de Montfort, qui est descendu en ville de très bonne heure, afin de connaître les intentions des évêques*[5], — *se porte au-devant des envahisseurs et se conduit si vaillamment, qu'avec l'aide de Dieu il les refoule hors de l'enceinte*[6]. — *Il revient aussitôt près de ses conseillers qui attendent dans l'abbaye de Saint-Germier le retour de leurs émissaires : « Vous le voyez, nous n'avançons pas, nous n'aboutissons à rien. Bien plus, les ennemis redoublent d'audace, ils approchent en force. C'est assez nous tenir en suspens, que dis-je, c'est trop balancer! Il est temps que vous nous permettiez de combattre*[7]. » — *Il n'a pas fini de parler, que les alliés, qui ont reconnu de nouveau les abords de la ville jusqu'à la nouvelle porte de Sales*[8] — *et qui, à la suite de ce dernier examen, ont repris les opérations contre la porte de Toulouse*[9] — *et occupé les deux rives de la Louge*,

[1] *P. V. S.*, p. 86, A. — Il amenait la majeure partie des troupes qui allaient prendre part au combat (voir ci-dessus, p. 109, n. 3).

[2] Résumé des textes suivants : *P. V. S.*, p. 86, A, B. — *M. E.*, p. 88, D, E, et p. 89, A, B. — *B. A.*, fol. 363. — *G. P. L.*, p. 208, C. — *J. A.*, p. 16, al. 9.

[3] *P. V. S.*, p. 86, B. — *M. E.*, p. 89, A, B.

[4] *P. V. S.*, p. 86, B. — *M. E.*, p. 89, A, B.

[5] *P. V. S.*, p. 86, B. — *M. E.*, p. 89, A, B.

[6] *M. E.*, p. 89, A. — *C. V.*, v. 3030. — *C. P.*, p. 153, C.

[7] *P. V. S.*, p. 86, B. — *M. E.*, p. 89, A, B.

[8] La *Chanson* parle jusque-là *des* portes. Comme il ne saurait être question ni de la porte de l'Est, ni de la porte de Saint-Sernin, également à l'abri d'une insulte, on en conclut que ce pluriel désigne, outre la porte de Toulouse, la nouvelle porte de Sales. (*C. V.*, v. 3022 et suiv.)

[9] *G. P. L.*, p. 208, D, E. — *C. V.*, v. 3023 à 3024.

lancent sur le saillant de l'ouest une grêle de gros projectiles, d'épieux et de flèches dont quelques-uns tombent sur le prieuré[1]. — *Les prélats, se sentant menacés, se décident enfin à suivre les conseils du comte*[2]. — *Aussitôt, l'ordre est donné dans Muret et dans toutes les maisons de seller les chevaux et de se préparer au combat sans faire aucun bruit*[3].

De son côté, Simon remonte à la citadelle pour y revêtir le harnais de bataille. Comme il passe devant l'église du château, où l'évêque d'Uzès dit la messe, il y entre et se prosterne devant l'autel. Mais la courroie qui tient une de ses jambières de fer se rompt par le milieu. En bon chrétien, sans attacher d'importance à cet accident, Montfort se relève, demande une autre courroie et poursuit son chemin vers la terrasse (T du pl. I, p. 100), *où l'on a conduit son palefroi*[4]. — *Il met le pied à l'étrier, la sangle de la selle se brise; on la répare, il s'enlève de nouveau*[5]. — *A cet instant, le cheval d'un coup de tête le frappe au front si rudement, qu'il chancelle et reste un instant interdit. A cette vue, quelques Toulousains* qui, de l'autre côté de la Louge, épient les mouvements des assiégés, *poussent de grandes huées pour se moquer du comte : « Vous me raillez, mais je me confie dans le Seigneur et j'espère bien aujourd'hui crier après vous jusques aux portes de Toulouse. » Ceci dit, le comte monte à cheval et vient rejoindre ses gens qui l'attendent dans la ville*[6]. — *Il les trouve réunis* sur la place du marché[7], *leur adresse*

[1] *M. E.*, p. 89, B. — *C. V.*, v. 3025 et suiv. — Sur la situation des approches, voir ci-dessus, p. 111, n. 2; p. 115, n. 9; et p. 122.

[2] *P. V. S.*, p. 86, B. — *M. E.*, p. 89, A, B.

[3] *P. V. S.*, p. 86, B. — *M. E.*, p. 89, A, B. — *C. V.*, v. 3034 et suiv. — *C. P.*, p. 153, D. — *G. P. L.*, p. 208, C.

[4] *P. V. S.*, p. 86, B.

[5] *G. P. L.*, p. 208, E.

[6] *P. V. S.*, p. 86, D. — *G. P. L.*, p. 208, E.

[7] Les textes précisent que le rassemblement s'effectua *hors du château* (*P. V. S.*, p. 86, D. — *G. P. L.*, p. 208, E.), mais *dans l'intérieur de la ville*, puisque la sortie des Croisés *suivit* leur répartition en escadrons et la bénédiction des évêques dont il va être parlé (*P. V. S.*, l. c. — *G. P. L.*, l. c. — *C. P.*, p. 153, C, D. — *C. V.*, v. 3033 à 3037). Dans ces conditions, le Mercadar seul était assez vaste (voir ci-dessus, p. 103) pour se prêter à la réunion des neuf cents chevaliers que Simon allait conduire au combat. (Voir ci-dessus, p. 109, n. 3.) C'est du reste sur le Mercadar que s'était opérée, la veille, la dislocation des troupes de secours, et c'est dans les auberges situées autour du Mercadar que les chevaliers et leurs écuyers ou sergents avaient pris leur logement. (Voir ci-dessus, p. 112, n. 7.) Un seul chroniqueur, l'auteur anonyme de la *Chanson* en vers, place la formation des escadrons et la bénédiction des évêques en dehors de la porte de Sales (*C. V.*, v. 3038 à 3054). La contradiction est sans importance, d'autant que la *Chanson* en prose corrige sur ce point la *Chanson* en vers (*C. P.*, p. 153, C, D), que l'auteur de cette dernière est un poète épique plutôt qu'un historien, qu'il n'assista pas à la bataille et qu'il écrivit plusieurs années après sur des renseignements que lui fournirent des Toulousains qui n'étaient pas dans Muret. Sa version ne saurait infirmer les récits des témoins oculaires de la sortie ou de ceux qui furent les principaux acteurs des préliminaires du combat et qui en relatèrent aussitôt les phases (voir ci-dessus, p. 97, 98, 99). J'ajouterai que l'Anonyme se réfute lui-même puisque, d'ac-

quelques paroles héroïques, leur recommande de se méfier des corps à corps, des combats particuliers, mais de charger en lignes serrées et compactes. Ensuite il les fait bénir par les évêques et, suivant l'usage, les répartit en trois escadrons en l'honneur de la Sainte Trinité[1]. — *Il décide aussi que seuls les cavaliers prendront part à la sortie et que l'infanterie demeurera en ville à la défense des remparts*[2].

A la tête du premier escadron, Simon place Guillaume de Contre, gouverneur de Castel-Sarrasin, et lui donne comme lieutenant, pour diriger la charge, Guillaume des Barres, son frère utérin; il confie le second à Bouchard de Marly et il garde le commandement du troisième[3]. *Mais comme il craint qu'en se précipitant à la rencontre de l'adversaire, à l'exemple de beaucoup de chefs, le combat n'ait une issue sinistre*[4], *le comte conseille à ses chevaliers de ne pas aller directement contre les ennemis*[5] *et de ne pas sortir par la porte qui est assiégée*[6], *afin de ne pas exposer leurs chevaux à la pluie des traits*[7] *pendant qu'ils défileront et prendront leurs dispositions de combat*[8]. — *Les chevaliers sont bien ordonnés et leurs rangs serrés. Dans le plus grand silence, amortissant le bruit de leur marche afin de ne pas éveiller l'attention des assiégeants et de quitter Muret à leur insu*[9], — *ils s'engagent sous la porte de Sales*[10] *et sortent par la porte qui regarde l'est, alors que les alliés enveloppent la porte et le saillant de l'ouest*[11], *de telle sorte que, si l'on eût ignoré*

cord avec tous les chroniqueurs, il indique que le terrain des approches de la nouvelle porte de Sales était occupé par l'ennemi, à moins qu'il ne parle de la rampe qui dominait la Garonne. Mais elle était très étroite et ne se fût pas prêtée au triage des 900 chevaliers et à l'organisation des escadrons. (Voir p. 106, n. 1; p. 111, n. 2; et p. 122 et 123.)

[1] Résumé d'après *P. V. S.*, p. 86, E, 87, A. — *M. E.*, 89, B. — *B. A.*, fol. 363. — *C. V.*, v. 3038 à 3054. — *C. P.*, p. 153, D. — *G. P. L.*, p. 209, B. — *J. A.*, p. 17, al. 9. — Annales de Waverley (*H. F.*, t. XVIII, p. 202, E).

[2] *P. V. S.*, p. 86. — Ann. Wav., p. 203, A.

[3] *C. P.*, p. 153, D. Sur Guill. des Barres, *C. V.*, v. 3053. — *B. A.*, fol. 363, p. x, al. x.

[4] *G. P. L.*, p. 208, E. — Le texte renferme en ce point de nombreuses fautes : au lieu de « qui si percurrentibus Aranianis intenderet... », les manuscrits portent tous *precurrentibus aravannis* — qui n'a pas de sens — ou *adversariis armis* qui me paraît une leçon excellente. Quelques lignes plus bas, il faut lire d'après tous les manuscrits « fugere viderentur » au lieu de « fugere niterentur ».

[5] *G. P. L.*, p. 208, E.

[6] La porte de Toulouse. Voir n. 11.

[7] *G. P. L.*, p. 208, E.

[8] Le chevalier de cette époque redoutait peu les traits, mais les chevaux, qui ne portaient pas encore un caparaçon de plate, risquaient d'être tués ou blessés, outre qu'affolés par des piqûres ils jetaient le désordre dans les rangs, rendaient impossible une formation de combat et préparaient la défaite. Guillaume de Puilaurens, dans un autre passage (p. 209, A) et l'auteur de la *Chanson* en vers (v. 3009 à 3014) développent longuement ces raisons.

[9] *C. P.*, p. 153, D. — Ces précautions montrent combien les assiégeants s'étaient rapprochés de l'ancienne porte de Sales et de la porte de l'Est en même temps que ces portes étaient défilées de leurs coups et de leurs vues.

[10] *C. V.*, v. 3037. — *C. P.*, p. 153, C. D.

[11] *G. P. L.*, p. 208, E.

leur dessein, on eût cru qu'ils fuyaient et reprenaient le chemin de Fanjaux. *Mais ils s'avancent encore un peu, traversent une rivière* (la Louge), *atteignent la plaine, font demi-tour, et se trouvent face à l'ennemi*[1] — *qu'ils aperçoivent rangé en bataille*[2].

Pendant cette même matinée, que s'est-il passé dans le camp des alliés? Les chroniqueurs toulousains et aragonais vont nous l'apprendre.

Raymond VI, comte de Toulouse, sachant que Muret n'a pas de vivres pour un jour[3], *émet l'avis de continuer les opérations du siège et, pour le surplus, de se remparer dans le camp et d'y attendre l'attaque de Simon, s'il se décide à prendre l'offensive. Pierre II rejette ce conseil qu'il trouve indigne d'un chevalier et décide qu'on offrira le combat*[4] — *sans même attendre des renforts dont l'arrivée est annoncée pour le soir ou le lendemain*[5]. — *Afin de mieux marquer ses intentions et de batailler à sa guise, il change d'armure avec un de ses chevaliers*[6] *et annonce qu'il se mettra au premier rang*[7], — *alors que les rois ont pour coutume de se placer à la tête de la réserve*[8].

Là-dessus, le comte de Foix et quelques chevaliers catalans vont soutenir les troupes employées au siège[9] — *qui trouvent une résistance que leurs succès de la veille ne faisaient pas présager*[10], — *tandis que Pierre II sort à la tête de sa cavalerie et prend position dans la plaine joignant le camp*[11]. Sa droite s'appuie à la Saudrune[12]; *sa gauche, au*

[1] *G. P. L.*, p. 208, E. — On montrera plus tard (p. 124) que les Croisés, après avoir contourné le château sur la risberme ménagée au-dessus de la Garonne, utilisèrent le pont qui répondait à la porte de Saint-Sernin et qu'enfilait le donjon. (Voir ci-dessus, p. 104, n. 3, et le pl. I, p. 100.)

[2] *P. V. S.*, p. 87, A. — *G. P. L.*, p. 208, E.

[3] *P. V. S.*, p. 84, C; p. 86, A. — *B. A.*, fol. 363, p. x, al. x. — *G. P. L.*, p. 209, A.

[4] Résumé de *C. V.*, v. 3006 à 3014. — *G. P. L.*, p. 209, A.

[5] *J. A.*, p. 17, al. 9. — Il s'agit des deux corps de Moncade et de Nino Sanchez qui n'avaient pas rejoint, ensemble 600 cavaliers. (Voir ci-dessus, p. 109, n. 4.)

[6] *P. V. S.*, p. 87, B. — *B. A.*, fol. 363. — La *Chanson* fait une allusion indirecte à ce changement d'arme. (*C. V.*, v. 3066, 3067.)

[7] *P. V. S.*, p. 87, B. — *B. A.*, fol. 363. — Mot à mot : « Le roi se plaça dans la seconde bataille. » Mais il faut remarquer que la première était occupée au siège de Muret. (Voir ci-dessus, p. 113, n. 4, 8, 9, 10, et p. 117, n. 5, 6.) C'est donc bien parmi les chevaliers exposés à recevoir le premier choc des Croisés que Pierre II fut se mettre.

[8] *P. V. S.*, p. 87, B.

[9] *G. P. L.*, p. 209, A.

[10] Voir ci-dessus, p. 111, n. 5.

[11] *P. V. S.*, p. 87, A. — *M. E.*, p. 89, B. — *G. P. L.*, p. 209. — *C. V.*, v. 3045, 3055, 3056. — *J. A.*, p. 17, al. 9. — *P. V.*, p. 87, A. — *M. E.*, p. 89, C. — *C. V.*, vers précités. — *G. P. L.*, p. 209, B, A (épisode du jeune fils de Raymond VI).

[12] Ceci n'est pas dit dans le texte; mais comme la Saudrune est un cours d'eau important que les Croisés ne franchissent pas, alors qu'ils traversent la prairie et le ruisseau qui sont à l'est de la Saudrune, on ne peut hésiter. Du reste, en restant sur la rive gauche de la

ruisseau des Pesquiès *et son front se développe sur un terrain excellent qui domine une dépression du sol que les Croisés devront traverser pour l'atteindre* [1]. Les deux armées sont désormais en présence. Le roi a sur son adversaire l'avantage de la position et du nombre. *Mais, au lieu de se préoccuper de ses chevaliers, il laisse chacun se placer à sa guise et ne sait ni les ranger, ni les faire avancer à côté les uns des autres* [2].

Après avoir traversé la Louge sous la protection du donjon et pris ses dispositions de combat derrière la saillie puissante et très haute que forme le promontoire où s'appuie le château, le premier escadron reçoit l'ordre de charger. *Aussitôt la première ligne se porte audacieusement en avant. Les soldats du Christ vont joyeux au combat, prêts pour son nom à supporter les pires maux, même à souffrir la mort* [3], — *abordent en pleine vitesse et en bon ordre les troupes à pied et à cheval qui investissent la porte* de Toulouse [4]. — *Celles-ci, lassées par le combat* qui se poursuit sans succès depuis le matin, découragées peut-être, *se reposent ou dînent et font mauvaise garde. En majeure partie, les chevaliers catalans se sont fait désarmer. Quand les assiégeants voient venir les Croisés, il est déjà trop tard. Ils essayent de se mettre en défense* [5], — *mais le premier escadron les balaye ainsi qu'un vent d'orage chasse la poussière du sol, et les rejette en partie sur la ligne de bataille où a pris place le roi d'Aragon* [6]. — *Poursuivant leur route, les Croisés obliquent dans la direction de la bannière royale* [7]. — *Ils traversent une dépression marécageuse couverte d'herbes qu'illuminent au passage les heaumes et les épées, abordent de front, bien unis, les chevaliers catalans et aragonais* [8] *et s'enfoncent dans leur masse incohérente* [9]. — *Peu de temps après que le premier escadron s'est élancé, les chevaliers et les sergents qui composent le second s'ébranlent à leur tour* [10]. Comme ils piquent droit sur les ennemis *et qu'ils se hâtent, ils rejoignent le premier escadron et pénètrent à sa suite par la brèche qu'il a ouverte* [11], *sachant bien que la simultanéité et la violence du choc préparent la victoire* [12].

Saudrune, le roi eût rendu bien difficile, sinon impossible, le choc des deux armées, et tel n'était pas son dessein.

(1) Voir ci-dessus, p. 106, 125, 126.

(2) *J. A.*, p. 17, al. 9.

(3) *P. V. S.*, 87, A, B.

(4) *G. P. L.*, p. 209, B. — *M. E.*, p. 89, B.

(5) *C. V.*, v. 3061 à 3075. — *C. P.*, p. 153, D. — *Grande Chronique de St Denis*, *Hist. de France*, t. XVII, p. 403, C, note c. Les mots de *riche home* employés dans ce texte sont, je pense, la traduction littérale de l'expression aragonaise *rich-hom* qui équivaut à chevalier. Voir encore ci-dessus, p. 116, n. 1 et 2, et ci-dessous, p. 124, n. 1.

(6) *G. P. L.*, p. 209, B. — *M. E.*, p. 89, B.

(7) *G. P. L.*, p. 209, B.

(8) *C. V.*, v. 3045, 3056 à 3060.

(9) *J. A.*, p. 17, al. 9.

(10) *B. A.*, fol. 363.

(11) *J. A.*, p. 17, al. 9. — *G. P. L.*, p. 209, B. — C'est pour cela que les deux versions de la *Chanson* ne parlent que d'une charge. Voir, du reste, à ce sujet, la note 1 de la page 119.

(12) *P. V. S.*, p. 87, A. — *G. P. L.*, p. 209, B. — *B. A.*, fol. 363.

En dépit des ordres de leur chef[1], *les Croisés s'engagent dans des combats particuliers. De ce nombre est celui du courtisan revêtu de l'armure du roi d'Aragon et d'Alain de Rouci. Celui-ci, qui a chargé avec le second escadron, fait partie d'un groupe de chevaliers qui ont juré de tuer Pierre II, parce que, le roi mort, on aurait plus aisément raison du reste de l'armée. Comme l'Aragonais tient mal son rôle, Alain évente le subterfuge : « Ce n'est pas le roi, ce n'est pas le roi, dit-il à ses amis! » « Certainement ce n'est pas le roi*[2], *— mais le voici », crie le monarque*[3] *qui ne veut plus se cacher et se précipite vers ses adversaires comme un chevalier vaillant et de grand cœur qu'il est. Alors, d'un coup de la masse turque qu'il tient à la main, il frappe un Croisé placé devant lui, le fait voler à terre, puis il se lance dans la mêlée et y fait merveille d'arme. A ces prouesses, Alain de Rouci et ses compagnons le reconnaissent bien : ensemble ils lui courent dessus, l'environnent et le frappent avec une telle furie qu'ils le tuent*[4], *— ainsi que plusieurs seigneurs aragonais de son escorte. A ce moment, un mouvement de retraite se dessine, des chevaliers catalans reculent, s'enfuient*[5] *— et la mêlée devient si confuse, que le comte de Montfort, voyant ses deux premiers escadrons noyés parmi leurs adversaires au point de ne plus les distinguer, fond sur la gauche des ennemis, qui stationnent innombrables le long d'un fossé. La charge est un instant arrêtée par cet obstacle imprévu. Enfin Simon découvre un petit sentier, préparé, on le pense, par l'ordre de Dieu; il s'y engage, traverse le fossé et donne sur les Aragonais ainsi que les autres Croisés, mais avec plus de force encore, et y pénètre plus avant.*

Cependant on ne peut taire qu'à l'instant où il allait assaillir ses adversaires, ceux-ci lui portèrent des coups d'épée si violents sur le côté droit du corps, qu'en s'appuyant avec trop de force sur l'étrier gauche, il rompit l'étrivière. En même temps, son éperon s'embarrassait dans la housse du cheval et s'y brisait. En soldat très vigoureux, il ne tomba pas, mais à son tour il attaqua les ennemis, et comme un nouvel adversaire le frappait à la tête, il lui asséna sous le menton un coup de poing si violent, qu'il le renversa de son cheval[6].

La mort de Pierre II et l'intervention si rapide de Montfort, qu'il semble aux enne-

(1) Voir ci-dessus, p. 100, n. 11.

(2) *B. A.*, fol. 363 et suiv.

(3) *B. A.*, l. c., et *C. V.*, v. 3067.

(4) *P. V. S.*, p. 87, A. — *M. E.*, p. 89, B. — *B. A.*, l. c. — *C. V.*, v. 2068, 2069. — *G. P. L.*, p. 209. — *J. A.*, p. 18, al. 9.

(5) *P. V. S.*, p. 87, A. — *M. E.*, p. 89, B. — *G. P.*, p. 209, B. — *J. A.*, p. 16, al. 9. — Ce dernier donne le nom des principaux seigneurs qui se firent tuer près du roi et de ceux qui prirent la fuite.

(6) *P. V. S.*, p. 87, B. — La citation commence par ces mots : « Comes noster ..... irruit *a sinistra* in hostes qui stabant..... » Le sens du passage est certain. *A sinistra*, comme *a dextra*, *a tergo* dans des phrases analogues, s'applique aux ennemis. Il faut traduire : « Le comte ..... fond sur la gauche des ennemis », comme dans les autres exemples, on entendrait « .....fond sur la droite », « fond sur les derrières ».

mis que les trois escadrons ont chargé ensemble[1], *décident de la victoire. La débandade devient générale*[2]. *Alors Raymond VI, les comtes de Foix et de Comminges, ainsi que les seigneurs catalans, qui ont négligé ou n'ont pas eu le temps de se porter en ligne, se mettent en retraite dans la direction de Toulouse*[3].

Les deux premiers escadrons s'acharnent à la poursuite des vaincus et en prolongent le carnage[4]; — *mais Simon, à la tête de la réserve, marche lentement afin de surveiller les siens et de leur offrir un refuge dans le cas où les troupes qui n'ont pas donné reprendraient courage et tenteraient un retour offensif*[5]. — *Encore les rappelle-t-il bientôt et les ramène-t-il vers Muret*[6] *qu'il trouve investi par les Toulousains*[7].

Les milices bourgeoises amenées par Raimond VI n'avaient pas été jugées dignes de prendre part au combat engagé entre les chevaliers, ou peut-être avaient refusé de s'y associer. Quoi qu'il en soit, *elles s'étaient remparées dans leur camp et ignoraient de quel côté penchait le succès*[8]. Mais, du haut de la colline, elles avaient assisté au départ de tous les Croisés; elles avaient vu s'évanouir dans la poussière les escadrons amis et ennemis. *Alors, trompées par la fausse nouvelle d'une victoire remportée sur les Croisés, persévérant dans leurs mauvais desseins*[9], *elles étaient sorties de leurs retranchements et s'employaient avec toutes leurs forces à emporter la ville quand Simon de Montfort était apparu*[10].

Son retour fut le signal du massacre. *Quelques Toulousains essayèrent de regagner le camp de Perramont*[11]; — *la plus grande partie se dirigea vers la flottille*[12] qui avait servi au transport des approvisionnements, des projectiles et du matériel de siège.

[1] Il est remarquable, en effet, que les auteurs qui ont écrit en recourant aux souvenirs des Toulousains ou des troupes catalanes et aragonaises ne parlent que d'une charge (*C. V.*, v. 3057 à 3075. — *C. P.*, p. 153, C, D, E). Mais Pierre de Vauxcernay, qui est dans Muret et assiste à la sortie des Croisés, spécifie qu'il y eut trois charges successives, qu'elles ne suivirent pas le même chemin, mais que les escadrons s'ébranlèrent à de très courts intervalles, au point que les deux premiers arrivaient ensemble sur l'ennemi. Guillaume de Puilaurens, qui fut également très bien renseigné sur les manœuvres des Croisés (voir ci-dessus, p. 98 et 99), et Beaudouin d'Avesnes sont d'accord avec lui. (Voir ci-dessus, p. 117, n. 12, et p. 118, n. 6.)

[2] *P. V. S.*, p. 87, C. — *C. V.*, v. 3070 à 3073. — *C. P.*, p. 153, E, et p. 154.

[3] *G. P. L.*, p. 209, B, C. — *C. P.*, p. 153, E, et p. 154, A. — Marca, p. 233, B. — Roderic de Tolède, p. 230, *C.* — *M'*, v. 22379 à 22382. — *J. A.*, p. 16, al. 9.

[4] *P. V. S.*, p. 87, C. — *C. V.*, v. 3073 à 3076. — *C. P.*, p. 153, E, et p. 154.

[5] *P. V. S.*, p. 87, C, D.

[6] *B. A.*, fol. 363.

[7] *P. V. S.*, p. 87, D, E. — *B. A.*, fol. 363.

[8] *P. V. S.*, p. 87, D. — *M. E.*, p. 89, C. — *G. P. L.*, p. 209, B.

[9] *P. V. S.*, p. 87, D. — *M. E.*, p. 89, C. — Allusion à leur alliance avec les ennemis des Croisés et peut-être à la capture des évêques et au pillage attendu des églises et du prieuré.

[10] *P. V. S.*, p. 87, D, E.

[11] *M. E.*, p. 89, C, D. — *C. V.*, v. 3077, 3078, 3089.

[12] *G. P. L.*, p. 209, C. — *C. V.*, v. 3079, 3084 et suiv.

Elle était considérable et on l'avait amarrée à 2 kilomètres environ en aval de Muret, entre Joffrery, sur la rive gauche, et Saubens, sur la rive droite. *Les uns et les autres furent massacrés ou rejetés pêle-mêle dans la Louge et la Garonne*[1]. — *Seuls échappèrent à la mort ceux qui purent regagner les barques et y trouver un refuge*[2]. — *De quinze à vingt mille hommes furent ainsi tués*[3]. — *A la suite de ce désastre, il n'y eut pas une famille de Toulouse qui ne pleura un des siens*[4]. La transmission des fortunes souleva même de telles difficultés, que les capitouls durent nommer une commission afin de liquider les successions en déshérence[5].

La bataille de Muret apparaît comme une opération si claire, si militaire, si logique, qu'elle ne nécessiterait aucun commentaire si les récits qu'on en a donnés jusqu'à ce jour n'en avaient dénaturé les épisodes et altéré le caractère.

Les historiens qui se sont occupés de ce fait d'armes, et dont je discuterai plus tard les conclusions, ont admis :

1° Que la sortie des Croisés s'opéra par une porte située à l'ouest et que le rassemblement se fit en dehors des murailles, sur les terrains qui longent le front occidental entre la Louge et la Garonne;

2° Que les Croisés, après s'être formés en trois escadrons, franchirent la Louge à l'ouest de la ville;

3° Que la bataille se livra, d'après les uns, dans l'angle formé par la Louge et la colline de Perramon; d'après d'autres, en deçà du marais du Pesquiès, c'est-à-dire entre le marais et la ville de Muret, et à 1 kilomètre à peine des remparts;

[1] *P. V. S.*, p. 87, E. — *C. V.*, v. 3087 et 3088. — *G. P. L.*, p. 209, C. — Le lieu du massacre est nettement déterminé par un ossuaire immense qu'une crue de la Garonne a mis à découvert en 1875. Les squelettes reposent sur un banc de gravier très dur recouvert d'une couche de terre dont l'épaisseur varie de 1 m. 50 à 2 mètres. Plus au nord, les squelettes sont épars, mais encore en si grand nombre que l'on ne peut défoncer un champ ou creuser un fossé sans remuer des ossements.

[2] *C. V.*, v. 3079, 3084 à 3088. — *G. P. L.*, p. 209, C.

[3] Voir ci-dessus, p. 108, n. 3.

[4] *G. P. L.*, p. 209, D.

[5] Ordonnances des capitouls. Archives de Toulouse.

4° Que la victoire fut le résultat d'une charge directe des deux premiers escadrons, suivie d'un mouvement tournant exécuté par Simon de Montfort à la tête de la réserve et hors des vues de l'ennemi.

J'insisterai donc sur les points suivants :

1° Simon de Montfort entra dans Muret, comme il en sortit, par une porte orientée vers l'est et non à l'ouest. Il forma ses troupes et prit ses dispositions de combat à l'abri des remparts et non à l'extérieur de la ville;

2° Les trois escadrons passèrent la Louge à l'est de la citadelle, et non à l'ouest de Muret;

3° Le choc des deux cavaleries eut lieu au delà du marais des Pesquiès, et non en deçà;

4° Enfin les alliés furent rompus et mis en déroute par trois charges directes, distinctes comme direction, se succédant à des intervalles très courts et arrivant presque simultanément sur les lignes ennemies. Il ne saurait être question d'un mouvement tournant.

1° Sur le premier point, j'invoquerai les témoignages unanimes et très nets de Pierre de Vauxcernay, des évêques dans leur mandement, de Guillaume de Puilaurens, de l'auteur anonyme de la *Chanson* et de Guillaume d'Avesnes. Leurs récits, rapprochés les uns des autres et confirmés par la topographie de la ville, permettent d'affirmer que l'enceinte de Muret présentait une porte orientée à l'est et que Simon de Montfort, à son entrée comme à sa sortie, passa sous cette baie. J'ai déjà dit que la porte de l'Est était située au sommet d'une rampe en terrasse qui reliait le pont à la ville, que cette porte était extérieure et faisait partie d'un châtelet à cheval sur la rampe; tandis que la porte de Sales était la porte intérieure du même châtelet[1].

[1] Voir ci-dessus, p. 105.

L'existence et la situation de la porte de l'Est étant établies et les chroniqueurs spécifiant, d'autre part, que les Croisés, d'abord à leur entrée dans Muret, puis avant de marcher au combat, se réunirent en dehors du château, mais à l'intérieur de la ville, en un lieu où ils ne pouvaient être ni vus ni inquiétés par les ennemis[1], on ne pouvait hésiter non plus sur la position du terrain où se déroulèrent les longs épisodes qui précédèrent la sortie. La rampe longeant la Garonne est insuffisante[2]; seul l'emplacement qu'occupait le Mercadar, au sud de l'abbaye, entre la porte de Sales et le château, répond à ces conditions multiples. Du reste, la dislocation des troupes amenées au secours de Muret avait eu lieu au Mercadar, les chevaliers et leurs servants avaient pris gîte dans les auberges qui l'avoisinaient[3]; il était donc naturel que Simon le désignât encore pour y rassembler ses neuf cents chevaliers.

En revanche, je ne vois que des objections invincibles à un emplacement quelconque choisi en dehors des murs, et notamment à celui qu'ont proposé les historiens modernes entre la Louge et la Garonne. La *Chanson* en vers ne dit-elle pas expressément que les Toulousains investirent le saillant Nord-Ouest *sur toutes ses faces* et ne laisse-t-elle pas entendre qu'ils insultèrent la nouvelle porte de Sales. Elle était, par conséquent, encombrée par des machines qui battaient la porte de l'Ouest et bouleversée par les travaux d'approche[4]. A supposer que l'on contestât sur ce point le double témoignage de la *Chanson*[5], on doit accorder créance à Guillaume de Puilaurens et aux évêques. Et ils confirment que le saillant où s'ouvrait la porte de Toulouse fut attaqué à la fois sur ses deux faces, que l'assiégeant était maître du terrain,

[1] Voir ci-dessus, p. 114, n. 7.

[2] Voir ci-dessus, p. 105 et 106, n. 1, ainsi que le plan de Muret, p. 100.

[3] Voir ci-dessus, p. 112, n. 7.

[4] *C. V.*, v. 2939 et 3022 et suiv. (Voir ci-dessus, p. 111, n. 2, 3, et p. 113, n. 8 et 9.)

[5] Ce serait à tort. L'auteur de la *Chanson* n'est pas, il est vrai, un historien : c'est un poète épique. En outre, il connaît mal les faits qui se sont passés dans Muret et les mouvements des Croisés, mais il est renseigné sur les manœuvres des assiégeants. (Voir ci-dessus, p. 98 et p. 114, la fin de la note 7.)

s'y était établi dès le 11 septembre et l'occupait encore le 12, au moment de la sortie[1]. Puis l'emplacement que proposent les historiens modernes, entre la Louge et la Garonne, était découvert, surveillé par l'ennemi, exposé à ses projectiles[2], alors que Pierre de Vauxcernay et les évêques, d'accord avec l'auteur de la *Chanson* en prose, insistent sur ce point que les préparatifs de la sortie furent si bien tenus secrets, que les Croisés purent traverser la Louge et prendre leurs dispositions de combat avant d'être signalés[3]. De son côté, Guillaume de Puilaurens déclare que les chevaux furent tenus hors de l'atteinte des traits jusqu'au moment de la charge[4]. Enfin, dans l'hypothèse que je critique, la bénédiction des évêques, le baisement des reliques, la répartition des chevaliers en trois escadrons, les exhortations et les recommandations de Simon de Montfort à ses chevaliers, opérations et cérémonies longues et délicates, auraient suivi la sortie de la ville neuve, laquelle se serait effectuée par une porte orientée à l'ouest. Or les chroniqueurs français placent, en effet, ces événements après le moment où Simon de Montfort rejoint ses chevaliers *hors du château*, mais *avant celui où il quitte la ville*[5]. Guillaume de Puilaurens ajoute et spécifie que les trois escadrons, quand ils furent disposés pour le combat, *tournèrent le dos au point attaqué par les alliés et sortirent par la porte de l'Est, parce que la porte de l'Ouest, celle qui regardait le camp des ennemis, était assiégée*[6]. C'est clair et décisif.

2° La traversée de la Louge, à l'est de Muret, cadre seule avec la

[1] Voir ci-dessus, p. 105, n. 1; p. 111, n. 2; p. 113, n. 8, 9; p. 114, n. 1, et p. 115, n. 10 et 11.

[2] Il est certain que Simon de Montfort profita, pour sortir de la ville, de l'heure où les assiégeants prenaient leur repas et s'étaient désarmés pour la plupart (voir ci-dessus, p. 117, n. 6). Mais, du fait même que le premier escadron des Croisés chargea les ennemis qui entouraient la porte de Toulouse et la dégagea (voir ci-dessus, p. 117, n. 6, 7), il résulte cette conséquence que les assiégeants s'étaient retirés derrière leurs palissades, à l'abri des traits de la défense et ne s'étaient pas éloignés des approches.

[3] Voir ci-dessus, p. 115, n. 9 et 10; p. 116 et p. 117, n. 6 et 7.

[4] Voir ci-dessus, p. 115, n. 7.

[5] Voir ci-dessus, p. 114, n. 7.

[6] *G. P. L.*, p. 208, E.

situation des approches de l'assiégeant, les desseins connus du chef des Croisés et les dispositions défensives du château; alors que le passage du même cours d'eau à l'ouest de Muret, en un point où il est large de 30 mètres, en face d'un adversaire très nombreux, prévenu et décidé à la résistance, eût été une opération hasardeuse, imprudente et tout au moins longue et sanglante. Et, de fait, Simon de Montfort se garda bien de franchir la Louge à l'ouest de la ville, sous les yeux des Toulousains et des Catalans, au su de l'armée ennemie, en un endroit encombré par les machines, les palissades et les retranchements, que contre-battait mal le rempart déjà faible et, par surcroît, démantelé depuis la veille. Bien au contraire, après avoir choisi pour sortir la porte de l'Est, il reprit d'abord en sens inverse la route qu'il avait suivie la veille pour entrer en ville, s'avança encore, se dissimulant toujours derrière les remparts, traversa la Louge en un point où il ne pouvait être aperçu, atteignit enfin la rive gauche et y reforma ses escadrons à l'insu des assiégeants[1]. Tel est, au moins, le récit des chroniqueurs.

Ce point si bien commandé par la forteresse qu'aucun ennemi ne s'en était approché, ce point où l'on ne pouvait être vu des assiégeants, ce point *situé à l'est du pont sur la Garonne* ne saurait être que l'issue orientale du pont de Saint-Sernin[2].

Les témoins de la bataille[3] disent, en effet, que les Croisés *marchaient encore vers l'est*, quand, au sortir de Muret, ils abordèrent la Louge. Ils racontent même qu'après avoir pris pied sur la rive gauche, Simon et ses chevaliers firent demi-tour pour charger ceux de leurs adversaires qui avaient pris position à l'*ouest* de Muret, devant la porte de Toulouse, et n'aperçurent les troupes de Pierre II rangées

[1] Les épisodes et les détails relatifs à la sortie sont rapportés et discutés dans le récit de la bataille et les notes qu'il comporte (p. 115, 116, 117). Ce dernier fait, que relatent expressément les deux versions de la *Chanson* et la *Grande Chronique de St Denis*, résulte aussi de la comparaison des autres récits. (Voir ci-dessus, p. 115 et 116.)

[2] Voir ci-dessus, p. 104, n. 3.

[3] Pierre de Vauxcernay et l'évêque Foulques dont Guillaume de Puilaurens est l'interprète. (Voir ci-dessus, p. 97, 98 et 99, n. 2.)

dans la plaine qu'après avoir opéré ce mouvement. Ce sont là des faits acquis.

3° La situation du champ de bataille est déterminée par des conditions multiples.

Le premier escadron, après avoir dégagé la porte de Toulouse, oblique et charge dans la direction des lignes ennemies[1].

Le second escadron s'ébranle bientôt après le premier, et tous deux, suivant dès lors une ligne qui réunit Muret au camp du roi d'Aragon, traversent une cuvette marécageuse avant d'atteindre Pierre II et ses chevaliers[2]. D'autre part, les chroniqueurs nous apprennent que le camp royal faisait face à la porte de Toulouse et que le monarque ne s'était guère écarté de ses tentes. Sur ce point spécial, j'invoquerai le souvenir du fils du comte de Toulouse, alors âgé de seize ans, qui, trop jeune pour prendre part au combat, en suivit les péripéties du haut de la colline, assez près pour voir la lutte et entendre résonner les coups d'épée, mais assez loin pour ne redouter aucun péril[3]. Du reste, s'il était sage de ne pas s'éloigner du camp, c'eût été une faute grave d'acculer des chevaliers pesamment armés à une hauteur dont l'escalade eût été difficile en cas d'échec.

Enfin Simon ne s'engage pas dans la cuvette marécageuse à l'abri de laquelle Pierre II a pris position et qu'ont traversée les deux premiers escadrons[4], mais trouve un fossé qui couvre la gauche des ennemis, situé par conséquent à l'orient du marais, et le franchit pour assaillir ses adversaires[5].

A ces premières définitions du champ de bataille j'en ajouterai de nouvelles, tirées de l'issue du combat. On remarquera que les alliés se mirent en retraite dans la direction de Toulouse[6], et on en déduira qu'à la suite des premiers chocs ils avaient appuyé vers le nord-est, c'est-à-

[1] Voir ci-dessus, p. 117, n. 6, 7, 8 et 9.
[2] Voir ci-dessus, p. 117, n. 9 et 10.
[3] *G. P. L.*, p. 209, A, B.
[4] Voir ci-dessus, p. 117, n. 9.
[5] Voir ci-dessus, p. 118, n. 6.
[6] Voir ci-dessus, p. 119, n. 3.

dire sur leur gauche. A ce moment, ils se trouvèrent protégés par un ruisseau dont Simon de Monfort ne soupçonnait pas l'existence et qu'il eut quelque peine à franchir. On a donc une seconde raison de conclure que ce ruisseau s'étendait à l'est du marais et du champ de bataille.

Enfin on sait que la rencontre eut lieu à une distance telle du camp des Toulousains, que les milices, retirées dans leurs retranchements, n'en purent suivre les péripéties, qu'elles sortirent sans être inquiétées ni vues par Simon de Montfort, qui pourtant ne s'était pas écarté du champ de bataille[1].

Or la seule cuvette marécageuse que comporte la plaine *au nord de Muret* est la dépression connue sous le nom des *Pesquiès*. Le seul ravin et le seul fossé répondant à la description de Pierre de Vaux-cernay, et traversant la plaine à l'est du marais des Pesquiès et à la l'armée de Pierre II sont le ravin et le ruisseau des Pesquiès. Par voie de déduction, il y a donc lieu de conclure que le roi d'Aragon rangea ses chevaliers au delà des Pesquiès, suivant un front orienté de l'ouest vers l'est, la droite appuyée à la Saudrune, la gauche à l'origine du ruisseau des Pesquiès.

En effet, dans cette situation, les lignes des alliés sont normales aux deux premières charges fournies par les Croisés, dont la direction est déterminée par leur point de départ et par la situation respective de Muret, du marais des Pesquiès et du camp royal; elles sont disposées de telle sorte que, sous le choc des assaillants, elles soient forcées d'obliquer vers le nord-est dans la direction de Toulouse et derrière le ravin et le ruisseau des Pesquiès; en outre, elles sont assez voisines de la colline pour être aperçues par le fils de Raymond VI et assez distantes de Muret pour que les Toulousains aient ignoré l'issue de la bataille, et les Croisés, la reprise du siège.

Ces faits empruntés à des documents irrécusables, contrôlés dans chaque détail par l'état actuel des lieux, s'opposent à toute restitution

[1] Voir ci-dessus, p. 119, n. 4 à 10.

du combat, soit au nord de Muret, en avant des Pesquiès, soit dans l'angle formé par la Louge et la colline de Perramon.

Dans le premier cas, on devrait dénier toute valeur aux chroniques quand elles disent que la rencontre des deux cavaleries eut lieu — par rapport à Muret — au delà d'une prairie marécageuse et d'un ruisseau qui en était issu [1].

Dans le second, il faudrait, en outre, identifier une rivière large de 30 mètres telle que la Louge avec le petit fossé dont parle Pierre de Vauxcernay [2], admettre que les Toulousains n'eurent pas connaissance de l'issue d'un combat qui aurait été livré sous leurs yeux, et qu'ils seraient descendus de la colline de Perramon et auraient investi Muret sans être vus des Croisés qui auraient occupé la route joignant le camp à la ville.

4° Depuis les Bénédictins jusqu'au dernier historien de la bataille de Muret, tous les auteurs, ai-je dit, attribuent le gain de la bataille à une charge de front combinée avec une attaque de flanc précédée de mouvements compliqués et de combinaisons savantes. Avant de recourir une dernière fois aux textes, j'opposerai d'une manière générale à cette conception la difficulté qu'eût éprouvée tout chef à faire évoluer dans l'étroit espace où on la cantonne une cavalerie couverte de fer, armée de lances pesantes et longues et où il n'existait aucun intermédiaire hiérarchique entre le soldat et le chef de trois cents hommes [3]. D'une manière plus spéciale, je rappellerai que les Aragonais ne surent même pas se former en bataille et que les Croisés, comme Simon lui-même, attendaient la victoire non point de manœuvres savantes, mais seulement de l'excellence de leur cause, de la mort du roi d'Aragon et de charges de front unies, violentes et se succédant avec rapidité [4].

Je reviens aux derniers épisodes de la bataille.

Les alliés, rompus par les deux premières charges, avaient reculé

[1] Voir ci-dessus, p. 117, n. 7, 8, 9 et 10. — [2] Voir ci-dessus, p. 118, n. 6. — [3] Voir ci-dessus, p. 115. — [4] Voir ci-dessus, p. 117.

sous le choc, mais d'instinct ils s'étaient rejetés vers le nord-est dans la direction de Toulouse et avaient gagné l'abri que leur offrait un ruisseau que je viens d'identifier au ruisseau des Pesquiès. Pendant ce temps, les troupes employées aux opérations du siège et qui n'avaient pas été balayées par la première charge, se sentant en grand péril, étaient retournées dans leur camp abandonnant les abords de la place[1].

Simon, dont la réserve était rangée sur la rive gauche de la Louge[2], et qui était resté pour protéger Muret contre un retour offensif et suivre les péripéties du combat, reconnut qu'aucun danger pressant ne menaçait la ville, tandis que la mêlée était devenue si confuse, qu'il ne distinguait plus ses escadrons perdus au milieu des ennemis[3]. Ignorant de quel côté penchait la victoire, craignant que ses chevaliers ne se fussent engagés trop avant dans un combat disproportionné, impatient de les rejoindre et de les secourir, mais redoutant aussi de laisser Muret à la merci d'un coup de main qui eût coupé les Croisés de leur ligne de retraite, il dut avant tout se préoccuper d'atteindre les alliés par le chemin le plus rapide et le plus court et de les charger sur un point où il ne se heurterait pas à ses propres troupes et n'accroîtrait pas la confusion. Or, ce double résultat ne pouvait être atteint qu'en fondant sur l'aile gauche de l'ennemi, qui, de plus en plus, inclinait vers le nord-est.

Alors, sans perdre un moment, il fournit cette dernière charge qu'arrêtèrent un moment le petit ruisseau et le ravin des Pesquiès[4] et qui arriva néanmoins sur la gauche des ennemis très peu de temps après les deux premières[5].

Telles furent en réalité les manœuvres exécutées par les Croisés à

(1) Leur retraite bien naturelle est d'ailleurs prouvée par ce fait que plus tard elles ressortent du camp pour reprendre les opérations. (Voir ci-dessus, p. 119.)

(2) Tous les textes disent ou laissent entendre que les trois escadrons sortirent ensemble. Au surplus, s'il fût resté sur la rive droite de la Louge, comme le prétendent à tort certains historiens, Simon eût été en très mauvaise situation pour se porter sur le point où sa présence était nécessaire.

(3) Voir ci-dessus, p. 118, n. 6.

(4) Voir ci-dessus, p. 125, 126.

(5) Voir ci-dessus, p. 119, n. 1.

la bataille de Muret. D'après les récits empruntés à des témoins oculaires ou à des hommes écrivant sous la dictée des chefs qui avaient dirigé les opérations, elles se réduisirent à trois charges de cavalerie : la première en ligne brisée, les deux autres en ligne droite, faisant entre elles un angle de 12 à 15 degrés. Pas plus que le roi d'Aragon, Simon de Montfort ne recourut à ces mouvements compliqués dont la préparation et l'exécution rentrent dans le domaine de la tactique et de la stratégie.

En résumé, Pierre II ne sut ni ranger ses troupes, ni tirer parti de leur immense supériorité numérique, ni de leur position. Son incapacité militaire égale son incurie, et pourtant il était cité comme un des meilleurs capitaines de son temps.

De son côté, Simon de Montfort fit preuve de méthode, montra de la vigilance, de la décision et de l'à-propos; mais il se borna sur le champ de bataille à fournir des charges directes, rapides, vigoureuses, courant au plus pressé, fonçant tour à tour sur les chevaliers aragonais et sur les milices toulousaines, ne s'inquiétant que du chemin le plus court, ne s'informant pas s'il était praticable[1].

J'ajouterai que les Croisés étaient fanatisés par les évêques, excités par leurs rancunes contre Pierre II et qu'ils se préparèrent saintement au combat. Devant eux, ils trouvèrent un roi entouré d'alliés qu'il avait froissés ou qui le redoutaient, un roi qui avait passé la nuit avec une maîtresse et se trouvait tellement las au matin de la bataille, qu'assistant à la messe, il ne put se tenir debout pour écouter l'évangile[2].

En définitive, Pierre II, privé du secours de son infanterie[3], ne mit en ligne qu'une cavalerie à peine supérieure à celle de Simon de Montfort et, après le premier choc, ne conserva que son escorte aragonaise, forte à peine de six cents chevaliers[4]. Dans ces conditions, le

[1] Voir ci-dessus, p. 118, n. 6.

[2] Le fait est rapporté par son fils. (*J. A.*, p. 17, al. 9.)

[3] Voir ci-dessus, p. 119, n. 8.

[4] On a vu ci-dessus (p. 115, n. 5, et p. 119, n. 3) que les autres cavaliers avaient pris la fuite. Ce chiffre de 600 chevaliers est, du reste, fort approximatif.

IMPRIMERIE NATIONALE.

monarque courait à une catastrophe certaine et il n'est pas nécessaire de chercher d'autres causes à sa défaite et à sa mort que celles déduites par les chroniqueurs.

En terminant, je suis contraint de parler plus longuement des principales hypothèses émises jusqu'à ce jour, moins pour les contredire que pour remonter à l'erreur originelle.

La description sujette aux moindres critiques, peut-être parce qu'elle est la plus brève, qu'elle suit de plus près les textes et qu'elle ne s'inquiète d'aucun point de stratégie ni de tactique, est celle des Bénédictins. On y relève pourtant deux indications fautives provenant d'un défaut d'attention. L'auteur fait sortir les troupes de Muret et les range en bataille sur une esplanade non définie où elles sont bénies par les évêques. Ensuite il s'occupe des alliés, puis, revenant aux Croisés, il ajoute : « Montfort fit défiler ses troupes par la porte de Muret, située sur la Garonne, dans un ordre extrêmement serré, etc. » Cette manœuvre, qui eût nécessité une rentrée dans Muret et une seconde sortie, soulève trop d'objections pour être discutée. Il y a oubli ou confusion.

Les Bénédictins parlent encore d'une marche qu'exécuta Simon pour prendre les ennemis *en flanc* sur leur gauche. Les mots « en flanc » ont été ajoutés au texte par le commentateur, à titre d'explication. Ils sont fâcheux; ils éveillent en effet l'idée d'un mouvement tournant. C'est évidemment hanté par cette lecture que M. Henri Delpech, dont les études sur la tactique et la stratégie au XIIIe siècle dénotent des recherches patientes et abondent en découvertes intéressantes, a décrit la bataille de Muret[1].

D'après cet auteur, l'armée croisée serait sortie par la porte de Sales orientée à l'ouest, puis se serait déployée, aurait manœuvré et se serait formée hors des remparts, entre la Louge et la Garonne. M. Delpech n'ignore pas que, sur ce point, il est en contradiction

[1] *La tactique au XIIIe siècle*, par Henri Delpech; Paris, Alphonse Picard, 1886.

avec les textes et les lieux[1], mais il faut que les uns et les autres se plient à sa conception d'une bataille savante. Et dans ce dessein, de très bonne foi du reste, il essaye de prouver que la porte de l'ouest regardait l'est et que le terrain où s'opéra la sortie n'avait jamais été occupé par les assiégeants, bien qu'il fût couvert de retranchements et de machines de guerre, que la porte de Toulouse ait été attaquée sur ses deux faces à la fois et que, sur ce point, les alliés serraient la ville de si près qu'ils purent compter les Croisés un à un tandis qu'ils défilaient sur le pont de la Garonne[2]. Ensuite il fait exécuter aux neuf cents cavaliers de Simon de Montfort des marches, des contre-marches, des changements de front, des demi-tours, des passages de l'ordre de bataille à l'ordre de marche sur la rampe étroite qui conduit au pont sur la Garonne, pour les ramener finalement à leur point de départ. Alors il imagine que la charge en plein élan dévale dans le lit de la Louge, à l'ouest de la ville, traverse la rivière large de 30 mètres, remonte le talus, aborde les assiégeants placés sur la rive droite; et, sans s'inquiéter des travaux d'approche, sans s'occuper des machines de guerre, des terrassements et des défenses que nécessite leur installation, il développe un front de cavalerie de 200 mètres qui surprend les ennemis qu'a dû étonner cependant l'exécution sous leurs yeux de manœuvres aussi longues qu'insolites.

Quant aux capitaines aragonais, nous possédons sur leur capacité militaire cette appréciation du fils de Pierre II : « Ils ne surent pas ranger la bataille, ni marcher en ordre serré, et chaque *riche-homme* se battit pour son compte.... et, autant pour les fautes commises qu'en punition de leurs péchés, ils furent battus[3]. » Néanmoins M. Delpech décrit la disposition tactique très régulière qu'auraient prise les *riches-*

(1) Id., vol. I, p. 179, 188 et les plans VI et VII, où, conformément aux textes, l'auteur place la moitié des machines et des assiégeants sur la rive droite de la Louge.

(2) *G. P. L.*, t. XIX, p. 208 c, et ci-dessus, p. 121, 122, 123.

(3) *J. A.*, p. 17, al. 9.

hommes, il sait la longueur du front et l'orientation des trois corps, leur distance respective.

Puis Simon de Montfort entre en scène. A ce moment, la mêlée était si confuse que les troupes des deux partis se confondaient en un cahos indescriptible. Le moment était venu d'intervenir. Le moindre retard compromettrait l'issue de la bataille. Simon le comprit. Néanmoins, comme la victoire doit dépendre de l'heureuse exécution d'un mouvement tournant hors des vues de l'ennemi, M. Delpech fait décrire à la réserve un demi-cercle sinueux long de 3 kilomètres, à travers des marais où les cavaliers défilent un à un, présentant le flanc aux vingt mille Toulousains qui, de leurs camps, les eussent accablés de projectiles et tués jusqu'au dernier. Au sortir du marais, ils rencontrent des ennemis qui les arrêtent fort loin du champ de bataille (contrairement aux textes). Enfin, après avoir passé six fois de l'ordre de bataille à l'ordre de route, et réciproquement, la réserve aborde l'ennemi par la droite (le texte parle de l'aile gauche), où elle risque de charger autant de Français que d'Aragonais.

Sans insister davantage sur les erreurs militaires et les impossibilités matérielles, j'indiquerai brièvement les contradictions flagrantes avec les textes. C'est ainsi que la porte de l'est devient une porte de l'ouest; que la formation à l'intérieur de la ville est transportée à l'extérieur; que le passage de la Louge à l'est de Muret s'effectue à l'ouest; que la charge coudée du premier escadron est transformée en une charge en ligne droite; que la troisième charge arrive sur l'ennemi deux heures au moins après les autres, alors qu'elle les suivit de très près; que le champ de bataille, très bien choisi par les coalisés, derrière et dominant les Pesquiès, est reporté en avant du marais, dans une situation mauvaise et même périlleuse; que le ravin et le fossé traversés par Simon de Montfort avant d'aborder l'ennemi sont rejetés à 2 kilomètres au moins du champ de bataille et au sud-ouest, alors qu'ils étaient contigus et au nord-est; enfin que la réserve de

Simon charge la droite de Pierre II, quand les textes parlent de la gauche[1].

Les nouveaux éditeurs de l'*Histoire du Languedoc* ont bien compris les erreurs graves où étaient tombés les historiens antérieurs de la bataille de Muret, et pourtant ils en ont été impressionnés. D'après le rédacteur de la note jointe à la version des Bénédictins, la sortie se fait et se déploie encore à l'ouest de la ville. Les deux premiers escadrons passent aussi la Louge à l'ouest de la ville et chargent les troupes de Pierre II. Celles-ci auraient pris position dans l'angle formé par la Louge et la colline de Perramon, adossées à la colline, leur aile droite appuyée au cours d'eau. Pendant ce temps, Simon de Montfort, qui est resté sur la rive droite de la Louge, remonte la berge et, quand il arrive à la hauteur des ennemis, dont il vient ainsi de déborder l'aile droite, il se jette dans la rivière, la traverse et prend pied sur le champ de bataille.

Cette nouvelle interprétation, très supérieure au point de vue militaire à la version précédente, soulève néanmoins des critiques du même ordre. C'est toujours un mouvement tournant et une attaque de flanc qui décident de la victoire. Faut-il répéter encore que Simon de Montfort était un chef trop avisé et trop prudent pour aborder un ennemi redoutable déployé le long d'une rivière large et profonde? S'il pouvait ignorer dans la plaine, à 2 kilomètres de Muret, l'existence d'un petit ravin et d'un fossé, il connaissait la Louge qui coulait à ses pieds et qui le séparait du lieu que le dernier commentateur assigne au combat, à 500 ou 600 mètres de la ville. Puis enfin, dans cette hypothèse, on confine le champ de bataille dans une sorte d'entonnoir sans issue en cas de défaite, et trop près

[1] J'ai insisté sur le sens de « Irruit *a sinistra* in hostes » (voir ci-dessus, p. 118, n. 6) parce que M. Delpech a construit toute sa théorie sur une interprétation erronée de ce passage. Comme les Bénédictins, il ajoute le mot *flanc* qui n'est pas dans le texte, mais au lieu de s'en tenir à leur excellente traduction du reste de la phrase (voir ci-dessus, p. 130), il écrit : « Simon, fit alors *tête à gauche*..... exécuta une marche de flanc... et se rabattit sur le *flanc droit* du corps aragonais ». (Delpech, *l. c.*, t. I, p. 229 et 230.)

de la colline et de Muret. Comment les Toulousains seraient-ils sortis de leur camp, comment auraient-ils assailli de nouveau la ville sans voir ni être vus, puisque d'un accord unanime le chef des Croisés ne s'était pas éloigné du point où il avait abordé l'ennemi, tandis que ses deux premiers escadrons poursuivaient les fuyards?

En résumé, et l'on touche ici au point essentiel du débat, Simon de Montfort fut un général décidé et audacieux ou prudent suivant l'heure; mais, pas plus que ses contemporains et ses successeurs durant une longue suite d'années, il ne connut d'une manière scientifique ni ne pratiqua d'instinct la haute tactique et la haute stratégie.

Moins que personne, je ne nie l'influence de l'Orient sur l'Occident au retour des croisades. Dans le domaine de la guerre découverte, il faut savoir le reconnaître, elle fut neutralisée par les raisons qui avaient aidé au développement de la poliorcétique. Si la passion des combats, si le désir d'opposer aux entreprises offensives et aux engins de l'assiégeant des moyens de protection efficaces favorisèrent la création des forteresses puissantes qui couvrirent l'Europe au XIIIe siècle, ils condamnèrent en effet la noblesse féodale à se charger de fer, à s'armer d'une lance que le poids et la longueur rendaient encombrante et à sacrifier la tactique et la stratégie à la poursuite d'une chimère : frapper à coup sûr l'ennemi et rester invulnérable à ses coups.

www.ingramcontent.com/pod-product-compliance
Ingram Content Group UK Ltd.
Pitfield, Milton Keynes, MK11 3LW, UK
UKHW020411220726
13923UKWH00004B/1874